다중지능
아이의 미래를 바꾼다

이소영 · 전혜경 · 박정아
김부자 · 윤혜연 · 이은희 · 김경민 지음

가림출판사

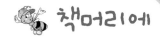

아이를 키우는 즐거움과 기쁨

우리 아이가 잘 자라서 성공할 수 있을까? 아이의 성공은 모든 부모의 궁금증이며 바람일 것이다. 개인의 성공을 예언할 때 지능과 환경 요인을 많이 이야기하는데, 그동안 지능은 변하지 않는다는 생각이 지배적이었다.

하지만 하버드 대학교의 지능 학자 하워드 가드너 교수는 '다중지능(multiple intelligence)' 이론을 발표하면서 사람은 누구나 여덟 가지 지능을 모두 소유하고 있으며, 각 지능들은 적절한 수준까지 발달시킬 수 있다고 주장하였다. 하워드 가드너 교수가 제시한 여덟 가지 지능은 개인이해지능, 대인관계지능, 자연지능, 언어지능, 공간지능, 논리수학지능, 음악지능, 신체지능이다.

많은 사람들이 알고 있는 세계명작동화 『아기 돼지 삼형제』는 돼지 삼형제 중 막내만 튼튼하게 집을 잘 지어서 형들을 구하고 늑대를 물리친다는 이야기이다. 하지만 만약 삼형제의 엄마가 다중지능에 대해 알았더라면 집을 떠나는 삼형제에게 '너희들이 각각 잘

하는 것을 하면서 살아라.' 라고 말했을 것이다. 그러면 바이올린 연주를 좋아하는 첫째는 음악지능을 살려 음악가로, 춤추고 놀기를 좋아하는 둘째는 신체지능을 살려 운동선수나 무용가로, 설계도를 그리며 튼튼한 집을 짓는 막내는 공간지능을 살려 건축가가 되었을지 모른다. 그리고 막내가 지은 집에서 행복하게 사는, 돼지 삼형제 모두 성공하는 이야기가 되었을 것이라 생각해 본다. 다만 개인이해지능이 낮아 자신의 능력을 과대평가한 늑대만이 실패하는 내용으로 바뀌었을 것이다.

동화에서 보듯 아이들은 태어날 때부터 여덟 가지 지능들에 대한 '경향성' 과 서로 다른 지능의 프로파일(profile)을 가진다. 따라서 아이를 성공시키려면 타고난 다양성을 고려하고 지적 가능성을 최대화할 수 있는 맞춤 교육을 해야 한다. 아이의 지능 중에서 강점을 살리는 특성화 교육을 하면 나머지 약점들까지도 보완해 갈 수 있다. 이러한 관점에서 보면 독서는 '적합한 내용을, 적합한 시기에, 적합한 아이에게' 제공하여 지능 발달에 긍정적인 영향을 줄 수 있는 훌륭한 맞춤 교육 방법이라고 할 수 있다. 특히 그림과 글이 어우러져 있는 그림책은 부모와 아이가 함께 쉬우면서도 재미

있고 적절한 방법으로 지능을 발견하고 최대한 발달시켜 주는 좋은 도구이다.

우리 아이의 다중지능 중에서 높은 지능을 칭찬하고, 조금 낮은 지능을 격려하는 것은 아이와 부모를 위한 성공의 시작이다.

우리 아이가 가지고 있는 가능성이라는 씨앗을 발견하고 키워 꽃피우는 즐거움은 무엇과도 비교할 수 없는 기쁨이 될 것이다.

저자 대표 이 소 영

차례 CONTENTS

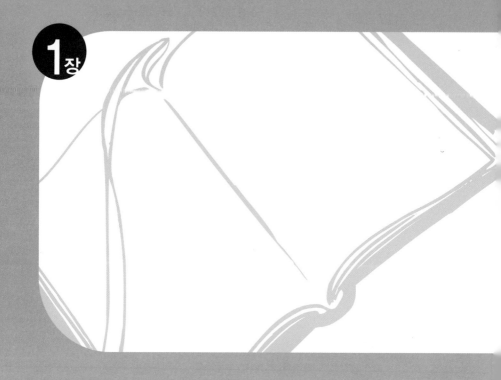

장난을 좋아하는 '나답게'는 자신이 장난을 좋아하는 이유가 남을 괴롭히려는 것이 아니라 재미있는 생각이 많기 때문이라는 것을 안다. '나답게'는 자신이 다른 친구보다 키는 작지만 힘이 세다는 것과 수학은 잘 못하지만 체육은 누구보다 잘한다는 것도 알고 있다. '나답게'는 축구 선수가 되는 것이 장래 희망이다. 박지성 선수를 좋아하고 그처럼 되려고 열심히 축구 연습을 한다.

개인이해지능이란 '나답게'처럼 자신의 강점과 약점, 희망, 관심 등에 대해 잘 알고 있어서 자신의 본 모습을 깊이 있게 이해하는 능력이다. 자신에 대한 객관적인 이해뿐만 아니라 자기 내면의 정서나 의도, 바람 등을 잘 파악하여 참아야 할 때와 나서야 할 때를 잘 알고 자신을 존중하는 마음을 유지하려는 의지 등도 이에 속한다. 자신의 강점과 약점을 잘 알면 주변에서 자신에게 적합한 실제적인 모델을 찾을 수 있다. 이렇게 찾은 모델을 자신의 행동길잡이로 삼아 미래를 설계하며 자신이 세운 목표가 실현되도록 노력할 수 있다. 아이들의 경우 혼자 남겨졌을 때 스스로 할 일을 찾거나 새로운 놀이를 하는 능력을 발휘하기도 한다. 이러한 능력도 개인이해지능에

개인
이해
지능

글_ 이소영

해당한다.

개인이해지능은 한 마디로 소크라테스의 '너 자신을 알라.' 라는 메시지를 빌어 표현할 수 있다. 자신이 어떤 사람인지 잘 이해하면 자신을 잘 표현할 수 있다. 개인이해지능이 높은 사람은 자신을 존중하고, 지속적으로 자신이 향상되도록 노력하고, 자기가 처한 문제를 잘 해결할 수 있다는 자기효능감이 높다.

개인이해지능을 발달시키려면 자율성을 존중하여 개성이 형성될 수 있도록 도와야 한다. 자신에 대해 이해를 잘하는 사람으로는 소크라테스와 같은 철학자, 심리학자, 종교인들을 예로 드는데, 이러한 사람들은 대체로 개인이해지능이 많이 발달하였다.

개인이해지능의 발달은 자신이 한 일이 무엇인지 아는 인식 단계, 자신의 내면을 성찰하여 자신의 행동 방향을 선택하는 전략적 단계, 자신이 선택한 행동의 실패와 성공을 자각하는 반성적 단계 등의 발달 단계를 거친다.

그림책에서 찾은 **개인이해지능**

1 내 정서 알기

－ 인식 단계 : 빌리 이야기

　　앤터니 브라운이 지은 그림책『겁쟁이 빌리』는 쓸데없이 걱정을 많이 하는 아이 빌리가 할머니가 가르쳐 준 방법으로 걱정에서 벗어난다는 이야기이다. 빌리가 마음속으로 걱정하는 것들이 사실처럼 그림으로 표현되어 있어 황당하기도 하고 정말 아이들이 이렇게 걱정하는 걸까하는 의구심이 들기도 한다.『겁쟁이 빌리』에는 아이들이 어떻게 자신의 정서를 깨닫고 조절하는지가 잘 나타나 있어 개인이해지능이 발현되는 모습을 구체적으로 찾아 볼 수 있다.

　　주인공 빌리는 걱정이 많은 아이이다. 걱정이란 안심이 되지 않아 속을 태우는 마음이다. 겁이 특정 대상에 대한 과거 경험에서 비롯된 정서라면 걱정은 미래에 일어날지도 모르는 경험에 대한 정서이다. 빌리의 걱정은 하지 않아도 될 쓸데없는 것인데, 이런 걱정은 헛걱정이라고 한다. 빌리처럼 많은 아이들이 걱정에 쉽게 사로잡히고 벗어날 방법을 잘 알지 못한다.

자신의 정서를 알아차리는 능력은 개인이해지능에 속한다. 정서란 우리가 대상에 반응함으로써 생겨나는 신체 변화를 지각하는 것이다. 『겁쟁이 빌리』에서 주인공 빌리는 신체 변화에 따르는 여러 단계를 거쳐 자신의 정서에 대해 알아차린다. 빌리를 거울로 삼아 이러한 단계가 어떻게 이루어지는지 살펴볼 수 있다.

사람들은 자신의 정서를 어떻게 알까? 자신의 정서를 알려면 자신을 돌아봄으로써 자신을 이해하고 느낄 수 있는 인지적 능력이 있어야 하는데, 이를 자기 인식이라고 한다. 자신을 이해하려면 자기인식을 통해 자신을 느끼고, 자신에게 있는 정서의 범위와 종류를 구별해내고, 자기의 정서에 이름을 붙이는 등 명료한 평가를 내릴 수 있어야 한다.

정서 발달은 다음과 같은 순서로 이루어진다.

● 출생 시
 : 이분적인 정서(울음, 짜증 / 미소, 만족한 표정 / 흥미, 주목)
● 3개월 : 기쁨, 흥미, 슬픔, 혐오
● 4개월 : 분노
● 6개월 : 놀람
● 7~8개월 : 공포
● 8~9개월 : 행복, 슬픔, 분노, 공포, 혐오, 놀람 등의 기본 정서
● 1년 6개월~2년 6개월

  자신이 어떤 정서를 가졌는지에 관한 정서의 인식은 개인이해지능의 기본이 되는 중요한 영역이다. 자신의 정서를 빠르게 지각하고 반응하는 사람은 자신의 정서에 적절하게 반응할 수 있다.

  자신의 정서를 이해한다는 것은 자신이 무엇을 좋아하고 싫어하는지, 어떨 때 기뻐하고 슬퍼하는지 느껴지는 대로 그대로 인식하는 것을 말한다. 순간순간 자신이 느끼는 감성적인 반응을 인식하면 그것을 적절하게 다룰 수 있는 '상위 기분(meta mood)'이 생겨서 자신의 정서와 객관적인 거리를 둘 수 있게 된다. 현재의 정서에 빠져들지 않고 '지금 내가 느끼는 것이 기쁨의 정서이다.'라고 자신의 정서를 모니터하는 것은 자기 통제의 첫 번째 단계이다. 이러한 자기 인식(self-awarness)은 개인이해지능의 기반이 된다.

몸과 마음으로 정서를 이해하는 능력

그림책 첫 장에 등장한 주인공 빌리를 보면, 반듯하게 빗질한 머리며, 깔끔한 옷차림, 깨끗한 구두까지 겉모습은 흠 잡을 데가 없다. 하지만 표정은 그렇지 않다. 눈썹은 여덟 팔자(八)를 그리며 쳐져 있고, 눈은 뚜렷이 무언가를 쳐다 보고 있지 않은 것처럼 멍하고, 입술은 꾹 다물려 아래로 쳐져 있다. 말은 하지 않지만 '난 걱정이 있어요.' 하는 표정이다. 어깨도 힘없이 쳐져 있다. 두 손은 무엇을 감추려는 듯이 주머니에 숨어 있고, 보폭은 짧아서 무겁게 천천히 걷고 있는 듯이 보인다.

사람들은 기쁘거나 슬플 때 신체적 반응이 달라진다. 기쁘다고 느낄 때는 얼굴에 웃음이 담기고, 팔과 다리에 힘이 넘치며, 동작이 활기차진다. 반면에 슬플 때는 얼굴이 굳어지고 팔과 다리가 축 쳐지고, 동작이 느려진다. 보통은 어떤 사건에 대한 몸의 변화에 의해 '엄청 기뻤어.' 라고 하거나, '무척 슬펐나 봐.' 하고 자신의 정서를 알아차리게 된다. 하지만 어린아이들은 몸이 나타내는 반응이 어떤 정서에서 온 것인지 알아채지 못하는 경우가 많다. 아직 몸과 마음의 정서를 일치시켜 이해하는 능력이 발달하지 않았기 때문이다.

그림 속 빌리의 모습은 '빌리는 걱정이 많은 아이였어요.' 하는 글을 읽지 않아도 몸 전체에서 걱정이 밖으로 나타나 보인다. 그러나 빌리는 자신에게 어떤 정서가 있는지 온몸으로 보여 주고 있으면서도 그것이 '걱정' 이라는 것을 모르고 있다. 정서를 인식하는 능력은 발달 단계가 있다.

잠자리에 들어서도 빌리는 걱정으로 쉽게 잠을 이루지 못하고 눈을 곰곰이 뜨고 있다. 그리고는 자신이 무엇을 걱정하는지 생각하고, 생각하고, 또 생각한다. 빌리는 '정말 많은 것들을 걱정하고 있다'는 것을 스스로 알아차린다.

몸과 마음으로 정서를 이해하는 능력은 자신의 몸으로 나타나고 있는 정서가 어떠한지 느끼도록 하는 '자신의 정서 알아차림'이라는 활동으로 발달시킬 수 있다.

다른 사람과 대상에게 느끼는 정서를 나누고 이해하는 능력

빌리는 모자들에 관해 걱정한다. 그러자 빌리의 마음에서 모자들이 커진 후 공중으로 떠오르고 침대 위를 온통 가득 채운다. 빌리는 신발을 두고도 걱정한다. 그러자 빌리의 마음에서 신발들이 뚜벅뚜벅 걸어서 창문 밖으로 나가버린다. 빌리는 구름마저도 걱정한다. 그러자 빌리의 마음에서 천장까지 닿은 커다란 구름이 침대를 시커먼 그림자로 뒤덮는다. 빌리는 비도 걱정거리이다. 빌리가 비를 두고 걱정하자 생각 속으로 세찬 빗줄기가 내리고 방이 물속에 잠겨 침대가 둥둥 떠오른다. 빌리는 커다란 새 때문에 걱정하기도 한다. 그러자 빌리의 마음에는 침대보다 커다란 새가 나타나 빌리의 오른 팔을 물고 어두운 창밖으로 날아가려고 한다.
빌리는 모자가 둥둥 떠올라 자신을 짓누를까 봐 걱정하고, 신발이 걸어서 창문 밖으로 도망을 갈까 봐 걱정한다. 구름이 침대 위를 덮어버릴까 봐 걱정하며, 그러면 침대 위로 비가 내려 방이 물바다가 될까 봐 걱정한다. 또 갑자기 커다란 새가 나타나 자신을 물어갈까 봐 걱정한다.

빌리는 자신이 많은 것을 걱정하고 있다고 말하면서도 그 이유를 모른 채 점점 걱정이라는 정서에 빠져들고 있다. 아직 자신을 이해하지 못하기에 자신의 정서를 조절하지 못하고 있다.

아빠가 빌리를 도와주려고 침대에서 빌리를 안고 걱정을 없애주려고 한다. 빌리가 걱정하는 일들은 절대 일어날 수 없으며 단지 상상일 뿐이라고 말한다. 빌리는 아빠에게 위로의 말을 들었지만 현실과 상상을 구별하지 못하고 골똘한 표정으로 걱정을 계속한다.
엄마도 빌리를 도와주려고 애쓴다. 무슨 일이 있더라도 빌리를 꼭 지켜 줄 것이라고 말하며 아무 것도 걱정하지 말라고 한다. 그래도 빌리는 무슨 일이 정말 일어날지, 일어나지 않을지 알 수 없어서 심각한 표정으로 걱정을 계속한다.

빌리는 모자가 혼자서 떠오를 수 없다는 것을 확신하지 못한다. 신발이 혼자서 걸어 다닐 수 없다는 것도 믿지 못한다. 방 안에는 구름이 생길 수 없고, 따라서 비도 내릴 수 없다는 것을 생각하지 못한다. 커다란 새가 방 안으로 들어올 수 없다는 것도 알지 못한다.
빌리는 사람들이 머리 위로 모자를 쓰고 다니는 모습을 보았을 것이며, 사람들이 신발을 신고 돌아다니는 것도 보았을 것이고, 하늘에 구름이 가득하면 비가 내리는 것을 보았을 것이다. 하지만 모자나 신발이 움직이거나 구름이 비를 내리는 것은 빌리가 다른 장소와 다른 상황에서 본 것들이다.
지금 빌리의 방에서는 그런 일이 일어날 수 없다는 것을 빌리는 미처 생각하지 못하고 있다. 대상들에 대한 걱정이라는 정서적 반응을 장소와 시간에 따라 정도에 알맞게 조절하지 못하고 있다. 이처럼 정서를 적절하게 다룰 수 없기 때문에 빌리는 잠들지 못하고 힘들어 하면서 걱정에서 벗어나지 못하고 있다.

정서를 정확하게 표현하고 조절하는 능력

어느 날 빌리는 할머니 집에 가서 자게 된다. 하지만 여전히 걱정이 너무 많아서 잠이 들 수 없다. 빌리는 다른 집에서 자게 될 때면 걱정이 더 많아지곤 한다. 할머니 집의 커다란 이인용 침대의 한 쪽에 누운 빌리는 걱정으로 이불을 꼭 잡고 팔자 눈썹에 입을 옹 다물고 눈을 말똥말똥 뜨고 누워 있다. 침대 위에 걸린 그림 속 산 위에는 지팡이를 짚고 있는 사람이 빌리의 걱정에는 아랑곳하지 않은 듯 뒤돌아 서 있다.
빌리는 쓸데없는 걱정이 많아 잠 못 드는 자신이 바보스럽다고 생각한다. 그렇지만 어떻게 해야 걱정을 사라지게 하는지 모른다. 어쩔 수 없이 빌리는 할머니에게 이야기하려고 침대에서 일어난다.

하지 않아도 될 걱정을 너무 많이 하는 빌리는 자신의 모습이 바보스럽다고 스스로 알아차린다. 자신의 정서가 무엇인지 아는 것은 개인이해지능이다. 빌리는 자신을 좀 더 높은 곳에서 바라보는 '상위기분'이 생겨서 자신의 정서를 객관적으로 평가하고 있다. 하지만 아직 빌리는 자신의 정서를 인식하는 데서 더 나아가 관리는 할 수 없다. 그래서 할머니에게 도움을 청하러 간다.

할머니는 빌리의 현실적이지 않고 쓸데없는 걱정을 재미있는 상상이라고 바꾸어 말해 준다. 그리고 빌리가 바보 같아서 그런 게 아니며, 자신도 어렸을 때 걱정이 많았다고 빌리에게 공감하며 위로해 준다.

빌리는 자신의 정서에 휩싸여 다른 사람에게 자신이 어떤 모습으로 보일지 잘 인식하지 못한다. 빌리가 걱정하는 생각들을 할머니는 '재미있는 상상'이라고 하면서 새로운 관점을 제공한다. 이러한 할머니의 말에 빌리는 자신을 돌아보게 된다. 이것은 정확한 느낌과 부정확한 느낌, 솔직한 느낌과 그렇지 않은 느낌의 차이를 구별하는 능력을 발휘하는 계기가 된다.

할머니는 손가락보다 작은 알록달록한 인형 여섯 개를 들고 나와 '걱정 인형'이라고 소개한다. 그리고 잠들기 전에 걱정 인형들에게 이야기하면 자는 동안 걱정을 대신 해 준다고 한다.
그날 밤 빌리는 할머니의 말대로 걱정 인형들에게 온갖 걱정을 다 이야기하고 곤히 잠이 든다. 집으로 돌아온 이후에도 빌리는 잠들기 전에 모든 걱정을 인형들에게 얘기하고 계속해서 편안하게 잠을 잘 잔다.

빌리는 이제 자신의 정서를 잘 이해하고 자신에 대한 실제적 모델을 찾았다. 할머니가 들려 준 어린 시절의 모습이 빌리의 실제적 모델이다. 빌리는 할머니가 어렸을 때 걱정 인형에게 걱정을 넘겨주던 행동을 그대로 따라 한다.

빌리가 편히 잠들려고 걱정 인형에게 걱정을 덜어내는 행동은 목적을 이루기 위해 자신의 정서를 다스리는 것이다. 정서를 다스리는 능력은 주어진 과제 또는 창조에 몰두할 수 있게 해 준다. 즉 집중, 숙련, 창조력을 위해 필수적인 것이다. 만족을 지연시키거나 충동을 억제하는 것과 같은 정서의 자기통제는 모든 성취의 기초가 된다. 이러한 능력을 지닌 사람은 무슨 일을 맡든지 능률적이고 생산적이다.

활용한 도서 : 『겁쟁이 빌리』 / 앤터니 브라운 글 · 그림 / 비룡소

아이에게 『겁쟁이 빌리』를 읽고 다음과 같이 활동하여 자신의 정서를 인식하는 연습을 함으로써 정서를 관리할 수 있는 단계까지 개인이해지능이 발달하도록 하자. 그러면 정서를 몸으로 표현하고 마음으로 느끼며, 하나의 정서에 대해 몸과 마음이 일치하도록 표현하고 이해하는 능력을 키울 수 있다.

1단계   정서의 종류 알기
2단계   유쾌한 정서와 불쾌한 정서로 나누기
3단계   얼굴 표정으로 정서 나타내기
4단계   자신의 정서를 알아차리는 연습
5단계   정서가 생기는 상황 연출하기

사람의 정서에는 어떤 것들이 있는지 정서를 표현하는 낱말을 떠오르는 대로 자유롭게 말하게 한다. 정서를 나타내는 낱말이 떠오르지 않으면 갈래별 사전을 이용해서 찾아보도록 한다. 이렇게 모은 정서에 관련된 낱말들을 하나씩 종이 카드에 쓴다.
예〉 기쁘다, 슬프다, 행복하다, 화가 난다, 무섭다, 밉다, 놀라다 등

종이 카드에 적힌 낱말이 유쾌한 정서를 나타내는 것인지, 불쾌한 정서를 나타내는 것인지 이야기하며 둘로 나누어놓는다. 어디에도 속하지 않는 종이 카드는 따로 모아도 된다.
먼저 아이가 정서 낱말 종이 카드를 한 장 고르게 한다. 그리고 카드의 낱말을 보고 '이것은 유쾌한 정서에 속하는 낱말입니다.' 혹은 '이것은 불쾌한 정서에 속하는 낱말입니다.'라고 말하도록 한다. 그 다음에는 고른 낱말의 정서를 얼굴 표정으로 나타내도록 한다. 이때 자신의 얼굴을 거울로 보라고 할 수도 있다. 그리고 마음이 어떠한지 느껴보도록 한다.
이러한 활동을 아이가 차례대로 충분히 잘하면 정서가 생기는 상황에 대해 연기해 보도록 한다.

2 자존감 키우기

 – 전략적 단계 : 마리 이야기

　로테 킨스코퍼가 쓴 그림책 『마리는 괴물이 아니야』에는 친구들과 오빠, 언니의 말을 듣고 자신이 괴물 같다고 여기는 마리라는 소녀가 나온다. 마리는 자신의 모습이 흉하다고 생각하여 아무것도 하지 못한다. 마리의 상상 속에서는 마리가 생각하는 대로 발이 커지고, 배가 뚱뚱해진다. 또한 남들이 말하는 대로 마리의 모습은 주먹코에 지느러미 손, 딱부리 눈, 파리채 입, 돼지 머리털로 변한다. 이런 마리에게 엄마는 마리가 본 모습을 찾고 자신을 존중할 수 있도록 격려와 사랑으로 도와준다.

　마리 이야기는 아이들이 얼마나 쉽게 다른 사람의 말에 상처를 받고 그대로 믿어버리는지, 그 결과 행동이 어떻게 바뀌는지를 보여 준다. 또한 아이가 어떻게 해야 열등감에서 벗어날 수 있는지,

자신을 존중하는 마음을 어떻게 갖게 되는지 잘 알려 준다. 즉 개인이해지능의 요소를 제시해 준다.

마리가 다른 사람들의 말에 따라 자신의 모습을 점점 괴물처럼 여기는 것을 납득할 수 없을 지도 모르겠다. 그러나 대부분의 사람들은 자신에 대해 막연하게만 생각하고 있을 뿐 구체적이고 체계적으로 자신에 대한 개념을 가지고 있는 경우가 드물다. 그래서 가끔 어른들도 '나는 누구지?' 라는 질문을 하게 된다.

'나' 란 '나라고 부를 수 있는 것을 모두 합한 것' 이라고 할 수 있다. '나는 누구인지' 에 대해 확신을 가지고 분명하게 말하려면 전략적으로 '나' 와 '나 아닌 것' 을 변별하고, 자의식을 발달시켜야 한다. 여기서 전략적이란 개인이해지능의 두 번째 단계로 내적 성찰로 지속적이고 일관성 있는 자기개념을 가지며, 의식적으로 자신의 행동 방향을 선택하는 것을 의미한다.

보통 사람들이 자신의 겉모습을 거울로 보고 알듯이, 주인공 마리는 남들에게 자신이 어떻게 보이는지 주위 사람들을 거울로 삼아 확인한다. 지속적이고 안정적인 자기개념과 자신을 움직이는 동기를 이해하는 것, 전략적으로 자기를 존중하는 능력이 개인이해지능이다. 우리는 마리를 통해 자기개념이 자존감과 행동에 어떻게 영향을 미치는지 살펴볼 수 있다.

진짜 나를 알고 이해하는 능력

친구 라파엘라가 마리에게 발이 너무 크다고 말한다. 이 말을 들은 마리가 자신의 발을 자세히 살펴보니 발이 정말 커 보인다. 다른 친구들이 있는 곳으로 마리가 다가가자 친구들은 마리의 발을 보고 모두 깜짝 놀라는 듯하다.

마리의 친구는 우연히 눈에 띤 마리의 발에 대해 별생각 없이 '크다'고 말한다. 하지만 마리에게 이 말은 매우 의미심장하고 중요하게 들린다. 어떻게 이런 일이 일어날까? 왜냐하면 사람은 누구나 자신에 대해 말할 때 더 많은 주의를 기울이기 때문이다.

예를 들어, 지하철에서 친구와 이야기를 나누고 있다고 가정해 보자. 지하철 안에서 많은 사람들이 이야기를 하고 있을지라도 모르는 사람의 이야기는 잘 들리지 않는다. 이때 어디에선가 자신의 이름이 들리면 그 소리는 바로 귀에 들어온다. 그래서 소리가 나는 쪽으로 고개를 돌리게 된다. 이처럼 사람들은 누구나 자기와 관계된 것에 민감하다.

마리는 친구의 말이 정말 그런가 하고 생각하자 발이 점점 커지는 것 같았다. 사실 '크다', '작다'라는 말은 상대적이다. 그래서 친구의 말을 그대로 믿어버리기보다는 정말 자신의 발이 큰지에 대해 확인해 보는 것이 필요하다. 발이 크다는 것이 몸 전체의 비율에 비해 크다는 것인지, 또래 아이들에 비해 크다는 것인지, 어릴 때보다 많이 컸다는 것인지, 아니면 이 말을 한 라파엘라에 비해 크다는 것인지 확인해 보아야 한다.

마리는 자신에 대해 내면으로 성찰해 보지 않아서 그냥 다른 사람들도 자신의 발이 크다고 생각할 것으로 짐작한다. 그래서 모두들 자신의 발을 보고 깜짝 놀랐다고 오해한다.

친구 카이가 마리에게 뚱뚱한 배 좀 치우라고 말하자 마리는 자신의 배가 뚱뚱하다고 생각한다. 심지어는 의자에 앉았을 때 뚱뚱한 배 때문에 손이 책상에 닿지 않을 것이라고 상상한다. 그래서 마리는 크레파스를 집을 수 없고 그림을 그릴 수 없다.

마리는 주변 사람들이 자신을 바라보는 방식으로 자신의 모습을 인식하고 있다. 사람들은 자신에 대해 말할 때 남과 다른 면, 자신만이 갖고 있는 독특한 면모를 우선적으로 이야기하는 경향이 있다. 마찬가지로 다른 사람에 대해 말할 때도 먼저 눈에 띄는 것을 위주로 말한다. 카이는 마리의 배가 우연히 자신의 손에 닿자 마리의 배가 뚱뚱하다고 큰소리로 말해버린다.

사람들은 자신의 신체에 대해 항상 주의를 기울이지 않고 깊이 생각하지도 않는다. 가까운 사람이 발이 크다거나 배가 뚱뚱하다고 말하면 잠깐 동안은 남들에게 발을 내보이기 꺼려하거나, 배를 감추기 위해 음식을 적게 먹거나, 꼭 끼는 옷은 입지 않으려 한다. 그렇지만 금세 이런 말을 잊어버리거나 정확한 평가가 아닐지도 모른다고 무시해버린다. 이런 평가 때문에 일상생활에까지 곤란을 겪지는 않는다.

하지만 마리는 친구들이 말하는 대로 발이나 배라는 '특정 부분'만 집중적으로 생각한다. 급기야는 책상에 다가가지 못할 만큼 자신의 배가 뚱뚱하다고 생각하게 된다. 책에는 마리의 배가 뚱뚱해서 팔이 닿지 못하는 그림이 나온다. 마리는 자신의 신체가 갑자기 커지거나 작아질 수 없으며, 어느 정도 변하지 않는 안정적인 모습이라는 것을 인식하지 못한다. 때문에 친구들의 평가를 지나치게 받아들이고 일상생활까지 곤란을 겪게 된다. 친구를 통해 만들어진 잘못된 자기개념이 마리의 행동에 영향을 미쳐 아무 것도 할 수 없게 한 것이다.

다른 사람의 평가를 무조건 받아들이고 영향을 많이 받는 것을 줄이려면 자신이 남들에게 어떻게 보이는지 인식하고 있어야 할 뿐만 아니라 진짜 자신의 모습을 잘 알고 있어야 한다.

자신을 움직이게 하는 것이 무엇인지 이해하는 능력

📖 마리는 자기의 모습이 정말 흉한지 알고 싶어진다. 그래서 친구들이 하는 말을 들어보려고 한다. 하지만 자신의 커다란 발과 뚱뚱한 배를 감추려고 자리에 앉아만 있었기 때문에 아이들은 마리에 대해 아무런 이야기도 하지 않는다.

마리는 다른 친구들도 라파엘라와 카이처럼 마리의 발은 커다랗게, 배는 뚱뚱하게 보는지 궁금해진다. 마리가 친구를 향해 움직이도록 하는 궁금증과 같은 것, 즉 특정 행동을 하도록 하는 것을 동기라고 한다. 동기는 행동을 더 많이 하도록 하고, 어떤 행동을 할지 방향을 제시하고, 행동을 지속하도록 한다.

하지만 마리는 다른 친구들이 자신의 발과 배에 대해 하는 말이 모두 비슷한지에 대해서만 궁금할 뿐 진짜 자신의 모습을 알아야 겠다고는 생각하지 못한다. 그래서 적극적으로 친구들에게 자신의 모습을 보여 주면서 물어보지 않는다. 오히려 발과 배를 감추고 남들의 이야기에 귀를 기울이는 소극적인 행동만 한다.

개인이해지능을 강점으로 가지고 있는 아이라면 다른 사람에게 자신의 발이나 배가 어떻게 보이는지 적극적으로 보여주며 질문할 것이다. 또한 대답이 마음에 들지 않으면 왜 그렇게 생각하는지도 물어 볼 것이다. 이처럼 자신이 생각하는 '나'와 다른 사람들이 생각하는 '나'의 모습이 일치하는지, 차이가 있다면 그 이유가 무엇인지를 탐색하여 '진짜 나', 안정된 자기상을 탐색하는 능력이 개인이해지능이다.

마리는 친구 티나가 보는 그림책을 엿보려고 한다. 그러자 티나는 그림책에 주먹코를 들이밀지 말라며 화를 내며 마리를 흘겨본다. 마리가 자신의 코를 만져 보니 엄청나게 큰 감자 같다. 마리는 주먹코를 숨겨야겠다는 생각 때문에 자리에서 제대로 일어날 수 없다.

마리는 자신의 발과 배에 집중되어 있는 생각을 다른 곳으로 돌리려고 다른 친구가 하는 것을 따라 하려고 한다. 하지만 티나는 갑작스레 끼어들어 그림책을 보려는 마리를 방해꾼이라고 생각한다. 그래서 화를 내며 불쑥 그림책에 들이민 마리의 코를 주먹코라고 소리친다. 마리는 티나의 말이 자기의 행동 때문이라고 생각하지 못한다. 마리가 그림책을 보려던 것은 자신의 모습이 못났다는 생각에서 벗어나 자신을 위로하려는 동기에서 한 행동이었는데, 주먹코라는 소리를 듣고 오히려 자기의 모습에 더욱 실망하게 되고 만다.

마리는 엄마가 만든 감자튀김을 먹으려고 한다. 그때 오빠가 마리 혼자 다 먹으려 한다고 투덜대며 마리의 손을 뿌리친다. 그러자 마리의 눈에는 자신의 손이 갑자기 커져버려 더 이상 감자튀김을 먹을 수 없게 된다. 언니는 멍청하게 쳐다보지 말고 하고 싶은 말이 있으면 해 보라며 마리를 보고 웃는다. 그러자 마리의 느낌에는 자신의 눈이 딱부리가 된다.
마리는 괴물처럼 변해버린 자신의 모습을 숨기려고 애쓰면서 힘겹게 계단을 올라간다. 마리의 마음은 우울해진다.

아이들은 맛있는 것이 있을 때 서로 많이 먹으려고 한다. 마리의 오빠도 더 많이 먹고 싶다는 욕심 때문에 자기보다 약한 동생 마리에게 혼자 다 먹으려고 한다며 투덜댄다. 하지만 마리는 오빠의 의도를 알아차리지 못한다. 단지 자신의 손이 너무 커서 한 번에 감자튀김을 많이 집기 때문에 오빠가 투덜댄다고 오해한다.

한편, 자신의 손이 커다랗다고 생각하여 창피해서 감자튀김을 집지 못하는 마리를 보고, 언니는 불만이 있지만 말하지 못하는 것으로 오해하고 멍청하다고 놀린다. 마리에게 언니의 말은 자기의 눈이 딱부리 같다는 말로 들린다.

많은 사람들이 형제들은 한 집에 살며 자주 부딪히기 때문에 서로에 대해 잘 안다고 생각한다. 하지만 다른 사람의 생각이나 의도, 속마음을 투명하게 잘 볼 수 있다는 생각은 마리의 형제들에게 엿볼 수 있듯이 주관적일 수 있다. 자신의 속마음을 오해하고 알아 주지 않으면 보통은 사람들을 피하게 되고 속상한 마음이 들어 우울해진다.

다른 사람의 속마음은 미루어 짐작하지 말고 물어서 확인해 보아야 정확하게 알 수 있다. 그러므로 자기의 속마음을 다른 사람이 알아줄 것이라고 생각하지 말고 표현해야 한다. 이러한 전략은 자신뿐만 아니라 다른 사람의 행동 동기도 잘 이해할 수 있게 하여 원만하고 편안한 관계를 형성하게 한다.

마리는 용기를 내어 산책을 나간다. 우울한 마음을 없애려고 그네를 타며 노래를 부른다. 친구 토르스텐은 마리의 노래 소리가 이상하다며 "그만해!"라고 소리친다. 그러자 마리는 자기의 입이 파리채 같다고 생각하며 머리카락으로 얼굴을 숨기려고 한다. 이를 본 토르스텐은 마리가 머리카락이 예쁘다고 자랑한다며 비웃는다. 마리의 생각 속에서 마리의 머리카락은 돼지 머리털로 변한다. 마리는 울면서 집으로 뛰어가 방 안에 숨어버린다.

마리는 다른 사람들의 말을 듣고 생긴 우울한 마음을 달래보려고 노래를 부른다. 하지만 우울할 때 부르는 노래는 자신에게는 위로가 될지 모르지만 다른 사람에게는 멋지게 들리지 않는다. 어린 시절부터 친구인 토르스텐은 마리의 마음 상태를 알 수 없어서 괴상하게 들리는 노래 소리를 참을 수 없다. 어쩌면 마리가 자신을 놀리는 것이라고 언짢아 한다.

토르스텐의 말에 상처를 받고 소심해진 마리는 머리카락으로 입을 가리려고 한다. 토르스텐은 자신이 마리에게 놀림을 받는다고 생각하고 있는데 마리가 머리카락을 얼굴 앞으로 내보이자 자랑을 하는 것으로 오해한다.

사람들은 자기가 지각하는 것들에서 일치성을 찾으려고 한다. 마리는 자신이 괴상하게 생겼을지도 모른다고 걱정하고 있기 때문에 토르스텐이 하는 말이나 행동을 모두 자신의 생각과 일치시켜 자신이 괴상하게 생겼다고 놀리는 것으로 해석한다. 한편, 친구 토르스텐은 마리가 자신을 놀리려고 이상하게 노래를 부른다고 생각하여 마리가 얼굴에 머리카락을 드리우는 것도 잘난 체하려는 나쁜 의도로 일치시켜 받아들인다.

마리는 한 번 잘못 보면 계속 잘못 보게 되는 것, 즉 사람들은 자기 견해와 일치하도록 정보를 해석한다는 것을 알지 못한다. 그래서 언제나 변함이 없이 안전하다고 생각되는 자기의 방으로 절망하며 숨어버린다.

마리가 진짜 자기의 모습을 찾기 위해서는 오히려 더 적극적으로 사람들에게 다가가야 한다. 마리처럼 숨어버리는 고립이 지속되면 '진짜 나'는 점차 사라질 수 있다.

마리는 큰 발과 뚱뚱한 배 때문에 달릴 수 없다고 생각한다. 딱부리 눈과 주먹코, 파리채 입을 가진 자기는 너무 미워서 아무도 자기를 보고 싶어 하지 않을 것이며, 지느러미 손으로는 글을 쓸 수 없어서 학교에도 갈 수 없을 것이라고 생각한다.

사람들은 절망적인 상황에서 의욕을 잃게 된다. 사고 능력에 방해를 받게 되어 정상적으로 생각하지 못하게 된다. 마리는 다른 사람들이 자기를 괴물처럼 본다고 생각하자 자신이 괴물 같다고 절망한다. 마리는 이런 부정적인 생각에서 어떻게 해야 벗어날 수 있는지 모른다. 그래서 자신은 무능력하여 아무것도 할 수 없다고 느낀다.

마리에게 자기 모습을 잘 인식하고 다른 사람의 평가를 적절히 수용하거나 조절할 줄 아는 능력이 있었다면 많은 영향을 받지는 않았을 것이다. 이처럼 자신이 생각하는 자신의 모습에 대한 남들의 평가는 자신을 존중하거나 파괴하는 마음이 들게 하기 때문에 커다란 영향을 미치고 행동을 지배한다.

자신을 나타내고 존중하는 능력

저녁 준비를 끝낸 엄마가 마리의 방에 들어왔다가 깜짝 놀란다. 마리는 울먹이면서 자신이 괴물이 되어버렸고 너무 흉하다고 말한다. 엄마는 마리의 눈물을 닦아 주며 마리가 예쁘고 못생긴 데가 없다고 말한다. 그리고 마리의 손을 뚫어지게 쳐다 보더니 꼭 잡고는 예쁜 손이라고 말한다. 마리는 깜짝 놀라 자신의 손을 바라본다. 드디어 마리의 생각 속에서 마리의 손이 지느러미에서 정상으로 돌아온다. 그러자 마리는 울음을 멈춘다.

마리는 남들이 자기를 괴물로 보고 있다고 생각한다. 하지만 마리가 가장 신뢰하고 사랑하는 엄마는 마리의 손을 한참 살펴보더니 예쁘다고 말한다. 그러자 모든 것이 마리에게 기적처럼 정상으로 되돌아온다.

여기에서 보듯이 아이들은 부모가 묘사하는 그대로를 자기상(像)으로 수용한다. 아이들에게 부모는 '진짜 나'를 확인하는 가장 중요한 거울이다.

엄마는 큰 거울을 마리 앞에 세워 놓는다. 그리고 자상하게 거울 속을 바라본다. 정상적인 파란 눈, 긴 갈색 머리, 작은 코와 입이 보인다. 그리고 배도 정상이다. 발은 예전보다 컸지만 엄마는 자라는 아이들은 다 그렇다고 말한다.

마리는 엄마를 통해 자기의 진짜 모습을 되찾는다. 왜 마리는 진작 거울을 보려고 하지 않았을까? 사람들은 자기와 관련된 정보를 특색 있게 처리한다. 이를 자기를 이해하는 틀, 즉 자기도식이라고 하는데 자기도식이란 어떤 정보에 관심을 가질지, 정보를 어떻게 파악할지, 얼마나 중요한 정보인지를 결정하는 선택적 기제이다.

마리에게는 자기도식(이해의 틀)이 없었다. 그래서 평소 주변 사람들의 말을 의심 없이 그대로 받아들였다. 그리고 거울에서 괴물 같은 자신의 모습과 직면하게 될까 봐 두려웠던 것이다.

마리는 꼭 감았던 눈을 뜨고 거울을 바라본다. 마리의 모습은 이전 생각과는 달리 더 이상 괴물이 아니다. 엄마는 마리에게 예쁘다고 말하며 머리를 쓰다듬고 뽀뽀를 해 준다. 그리고 앞으로 점점 더 모습이 나아질 거라고 말한다. 마리는 기분이 좋아져서 '네.'라고 대답한다.

자신을 잘 이해하는 아이는 자기도식의 특성이 확실하다. 자기도식이 있으면 정보를 빨리 처리할 수 있으며, 새로운 정보를 자신에게 맞게 여과하는 능력을 발휘한다. 자기는 남들에게 예뻐 보이고, 친절하며, 인상이 좋아 보인다는 자기도식을 가지고 있다고 가정해 보자. 그럼 누군가가 괴물 같다고 말하더라도 자기도식이 있는 아이는 모순된 정보라고 여기며 저항하고 받아들이지 않거나 무시한다.

마리는 가장 사랑하는 엄마에게 자기가 점점 더 예뻐질 것이라는 말을 듣고 그대로 믿는다. 마리의 마음은 밝아지고 절망이 사라졌다. 마리는 이제 자신에 대해 만족한다. 앞으로 자기를 예쁘다고 생각할 것이므로 마리에게 누군가가 밉다고 말해도 믿지 않을 것이다. 마리는 마침내 자신에 대해 긍정적인 자기도식을 가지게 되었고, 자기를 존중하는 마음을 보호하게 되었다.

이처럼 자기의 중심 특질에 대해 긍정적으로 평가하는 마음을 자존감이라고 하는데, 자존감은 남들이 하는 평가나 자신이 직접 경험한 일에 대한 성패에서 비롯되고 키워진다.

활용한 도서 : 『마리는 괴물이 아니야』 / 로테 킨스코퍼 글 / 베레나 발하우스 그림 / 중앙출판사

『마리는 괴물이 아니야』를 읽고 다음과 같은 활동으로 자기개념에 대한 긍정적인 도식을 갖도록 연습하게 하고, 자기를 존중하는 전략적 단계까지 개인이해지능이 발달하도록 한다.
'진짜 나'에 대한 탐구, 동기 파악하기, 긍정적인 자기도식으로 자신을 바르게 나타내기 등 단계별 활동으로 자기개념에 대한 지속성과 안정성을 지니게 하면 자기를 존중하는 능력을 키울 수 있다.

1단계   '진짜 나'에 대해 탐구하기
2단계   다른 사람들의 평가나 동기 찾기
3단계   나를 바르게 나타내기
4단계   자기도식을 통해 자신을 존중하는 연습하기
5단계   실생활에서 전략적으로 대처하기

아이에게 자기 모습을 실제 크기대로 커다란 종이(전지)에 그리게 한다. 다음에는 아이를 전신거울 앞에 서게 한 후 엄마가 거울에 비친 아이의 모습을 거울 위에 색연필로 그대로 그려 준다. 아이가 직접 종이에 그린 그림과 거울 위에 엄마가 그린 그림을 비교한 후 두 그림의 비슷한 점과 차이점에 대해 이야기를 나눈다. 특히 차이가 많이 나는 것은 그 이유에 대해 진지하게 이야기를 나누어 보도록 한다.
한창 커가는 아이들은 실제로 자기 신체에 대해 정확히 모르는 경우가 많다. 그래서 팔이 길다거나 뚱뚱하다는 말에 쉽게 마음이 동요되고 상처를 받기도 한다. 이때 자신이 상상하는 자기 모습과 실제 모습을 비교해 보는 활동을 해 보면 지나치게 과장된 생각에 빠지지 않도록 전략적으로 사고하는 방법을 배울 수 있다.

또래 친구들과 함께 '나는 누구일까?'라는 질문에 대해 떠오르는 대로 10 가지 답을 쓰게 해 보자. 다른 친구에 대해서도, 친구의 이름이 마리라면 '마리는 어떤 사람이지?'라는 질문에 떠오르는 대로 10가지 답을 쓰도록 한다. 이렇게 해서 모아진 정보를 다음과 같은 표에 정리한다.

	내가 보는 나	남들이 보는 나
나와 남들이 보는 나		
나만 보는 나		
남들만 보는 나		

사람들은 상황이나 시간에 따라 감정이나 행동이 변해도 지속적이고 안정적인 '진짜 나'가 있다고 생각한다. 그러나 이것은 '나만 보는 나'의 모습일 수 있다. 겉으로 표현되지 않는 나, 다른 사람이 알아차리지 못하는 나의 모습은 실생활에서 제대로 역할을 하지 못한다. 현재 나라고 생각하는 부분이 과거에도 있었고 미래에도 지속된다거나, 슬프거나 기쁠 때, 안전하거나 위험할 때, 즉 상황이 바뀌어도 바뀌지 않는 것이 안정적으로 있다고 자기에 대해 복합적으로 생각할수록 자존감을 잘 보호할 수 있다.

정리한 표를 보면서 '남들만 보는 나'에 대한 이야기를 나누면 다른 사람들이 어떤 면을 보고 나를 평가했는지 이해할 수 있다. 또한 긍정적인 정보만 모아 나를 바르게 나타낼 수도 있다. 이런 긍정적인 정보는 자기도식을 만드는 데 유용하며, 나를 존중하는 자료가 되기도 한다.

자라나는 아이들에게는 신체적인 변화 속에서 자신의 일관된 특성을 파악하고, 쉽게 변하는 정서 가운데서 지속되는 성격을 자각하도록 할 필요가 있다. 자신에 대해 지속적이고 안정적인 자기개념을 가지고 있어야 자신을 소중하게 여기며 존중할 수 있기 때문이다.

3 성공하기

 — 반성적 단계 : 럼피우스 이야기

바버러 쿠니의 그림책 『미스 럼피우스』는 고모할머니 루핀 부인이 손녀에게 들려주는 이야기이다. 루핀 부인은 '앨리스'라고 불리던 작은 소녀일 때 자신이 할 세 가지 일을 정한다. 앨리스는 어른이 되어 '미스 럼피우스'라 불리고 자신이 바라던 일을 실행에 옮긴다. 그리고 할머니가 되어 마지막 목표를 성공하고 루핀 부인이라고 불리게 된다.

『미스 럼피우스』에는 한 소녀가 어떻게 자신의 꿈을 정하고 그것을 이루어 성공하는지 잘 나타나 있으므로 개인이해지능이 발현되는 모습을 쉽게 찾아볼 수 있다.

요즈음은 성공에 대한 개념이 많이 바뀌었다. 예전에는 성공이라는 말은 누구나 부러워하는 높은 지위에 오르거나 돈을 많이 번 사람에게 사용하였다. 즉 사회적 평가와 사회가 기대하는 이상적인 모습에 맞추어 사는 것을 성공이라고 하였다. 이에 반해 최근에는 성공이란 자신에 대해 잘 이해하고 자신만이 할 수 있는 가능성을 찾아 자기를 실현하는 것을 뜻한다. 자기실현이란 소나무는 소나무답고 호랑이는 호랑다워야 하듯, 자기답게 사는 것이다.

자기실현을 위해서는 자신이 선택한 행동의 실패와 성공을 자각해야 하는데, 이를 개인이해지능의 세 번째 단계인 반성적 단계라고 한다. 여기서 반성적 사고는 자신이 한 행동을 '나는 어떠한 사람'이라고 하는 자기도식(이해의 틀)에 비추어 평가하고, 자존감을 유지하면서 자신을 향상시키도록 하는 역할을 한다. 즉 다른 사람들이 자신을 좋아하고, 자신의 능력이 고유하다고 여기며, 자기 의견을 지지하도록 한다. 이러한 반성적 사고로 '나답게' 성공하는 능력은 개인이해지능의 중요한 요소 중 하나이다.

본받을 사람을 찾는 능력

꼬마 앨리스는 바닷가 도시에서 살았다. 앨리스의 할아버지는 가게를 하면서 뱃머리 장식품을 만들고 그림도 그리는 예술가였다. 할아버지는 항해하고 있는 배들과 바다 건너 세상을 그렸다. 할아버지가 바쁠 때면 앨리스는 할아버지를 도와 하늘 색깔을 칠하기도 했다. 저녁이면 할아버지 무릎에 앉아 머나먼 세상 이야기를 들었다. 할아버지의 이야기가 끝나면 앨리스는 어른이 되면 아주 먼 곳에 가보고 할머니가 되면 바닷가에 와서 살거라고 말했다.

앨리스는 낮에는 할아버지 가게에서, 저녁에는 집에서, 대부분의 시간을 할아버지와 보낸다. 할아버지가 하는 일에 관심이 많고, 할아버지가 들려주는 이야기를 무척 좋아한다. 만약 앨리스가 할아버지가 들려주는 먼 나라들의 이야기가 싫었다면 매일 저녁 할아버지 무릎에 앉아 이야기를 듣고 있지는 않았을 것이다.

아이들은 자주 보는 것을 따라 한다. 특히 따라 하면서 재미있거나 좋다는 느낌이 들면 따라 할 뿐만 아니라 혼자 연습도 한다. 그리고 잘할 수 있게 되면 계속해서 하려고 한다.

앨리스가 어른이 되면 먼 곳에 가보겠다고 하는 말은 할아버지를 따라 하겠다는 것이다. 앨리스의 할아버지가 젊은 시절에 먼 나라들을 실제로 여행했는지, 책이나 사진을 통해 알게 되었는지는 알 수 없다. 하지만 앨리스가 할아버지를 통해 먼 나라를 그림이나 이야기에서 자주 만나고 멋진 곳이라 상상하고 있다는 것은 짐작할 수 있다. 할아버지가 만든 조각품은 먼 세상으로 데려다 주는 뱃머리 장식이고, 그림은 바다 건너 세상에 관한 것이며, 이야기도 머나먼 세상에 관한 것이다. 앨리스는 할아버지가 하는 것은 무엇이든지 마음에 들어 한다. 앨리스는 할아버지를 예술가라고 할 만큼 멋지게 생각한다. 또한 그림의 색깔 칠하기를 도와줄 만큼 할아버지의 일을 좋아한다.

자신이 좋아하는 것이 무엇인지 알고, 주변에서 그것과 관련된 사람을 찾아 모델로 삼을 수 있는 능력은 개인이해지능에 속한다. 앨리스는 할아버지를 모델로 삼아 할아버지의 그림과 이야기에 나오는 먼 나라를 여행하고, 할아버지처럼 나이가 들면 바닷가에서 살겠다고 한다.

할아버지는 앨리스가 해야 할 일이 한 가지 더 있는데 그것은 '세
상을 좀 더 아름답게 만드는 일'이라고 했다. 앨리스는 알겠다고 했지만 어
떻게 해야 세상을 좀 더 아름답게 만드는지 몰랐다.

자신이 좋아하는 사람이 하는 말은 영향력이 크다. 특히 본받고
싶은 마음이 드는 사람, 즉 매력과 능력이 있는 모델이라면 그 영
향력이 더욱 크다. 모델이란 따라 하고 싶은 마음이 들게 하는 존
재이므로 앞으로 할 일의 길잡이 역할을 한다. 자신에게 적합한 모
델인지 아닌지를 평가하고, 자신의 주변에서 모델을 선택하는 능
력은 개인이해지능에 해당한다.

앨리스는 할아버지를 모델로 삼아 무엇이든 따라 하고 싶어서
어떻게 해야 세상을 아름답게 하는지 모르지만 그렇게 하겠다고
말한다.

이러한 현상은 긍정적인 면에서 뿐만 아니라 부정적인 면에서도
나타난다. 아이들은 자주 접하는 것을, 어떤 영향을 미치는지 생각
해 보지 않고 자신도 모르게 보는 대로 따라 한다. 개인이해지능을
강점으로 갖고 있는 아이라면 자신이 따라 할 만한 행동인지 아닌
지 평가하지만, 그렇지 않은 아이들은 재미있거나 흥미가 있으면
나쁜 것이든 좋은 것이든 무조건 따라 한다. 아이들이 욕을 쉽게
배우고 사용하는 것도 이 때문이다. 따라서 아이들의 행동과 마음
을 바르게 하려면 백 번을 타이르기보다 한 번의 시범을 보여 주는
것이 중요하다. 특히 부모가 일상생활에서 자신이 좋아하는 일을

즐겁게 열심히 하는 모습을 보여 주는 것이 중요하다.

자신에게 적합한 목표를 정하고 실행하는 능력

꼬마 앨리스는 어른이 되어 할아버지에게 말했던 세 가지 일을 하기 시작했다. 바다와 멀리 떨어진 도시로 가서 도서관에서 일을 했다. 거기서 사람들은 앨리스를 미스 럼피우스라고 불렀는데, 미스 럼피우스는 가끔 식물원에 놀러 갔다. 그러던 어느 날, 식물원이 열대의 섬과 똑같지만 진짜 열대의 섬은 아니라는 것을 깨달았다.

앨리스는 어린 시절 자신이 한 말처럼 먼 곳으로 간다. 그리고 거기서 일을 찾고 미스 럼피우스로 살아간다. 목표란 미리 설정한 방향으로 행동하여 도달하는 최종적인 결과인데, 한 곳에 머물러 만족하는 그녀에게 뚜렷한 목표는 없다. 하지만 그녀는 자신도 모르게 이국적인 풍경이 있는 식물원에 가곤 한다. 그리고는 식물원이 진짜 열대 섬은 아니라고 자신과 대화를 한다.

미스 럼피우스는 먼 열대 섬을 동경하여 식물원을 찾아가는 자신의 행동을 관찰하고는 그 원인을 발견한다. 드디어 자신이 진짜 원하는 것은 여러 나라를 여행하는 것임을 깨닫고 이를 목표로 정한다.

'목표가 없다면 결코 그곳에 도달할 수 없다.'는 말이 있다. 자신의 목표가 무엇인지 아는 아이는 해야 할 일을 안다. 그리고 자신과 대화하며 해야 할 일을 잘 수행하고 있는지 스스로 평가하고,

이를 통해 목표를 달성한다.

목표는 아이들로 하여금 능동적이고 긍정적이며 변화를 추구하도록 한다. 어떤 아이에게 적합한 목표는 자기관찰로 정해질 수 있다. 자기관찰은 자신이 원하는 것, 보람과 즐거움을 느끼는 것, 정말 되고 싶은 것이 무엇인지를 파악하게 하고, 목표 설정에 매우 유리한 정보와 단서를 제공한다.

미스 럼피우스는 진짜 열대 지방의 섬으로 갔다. 어릴 때 할아버지께 이야기한 대로 아주 먼 곳에 가 보았다. 만년설이 덮여 있는 높은 산봉우리들도 올라가 보았고, 정글을 뚫고 지나기도 했다. 사막을 횡단하기도 하고, 사자가 노는 것도 보고, 캥거루가 뛰어다니는 것도 보았다. 그리고 어디를 가든 결코 잊을 수 없는 친구들을 사귀었다.

미스 럼피우스는 여행에서 잊을 수 없는 추억과 친구들을 많이 만든다. 자신이 원하는 행동을 하며 얻은 바람직한 결과는 미스 럼피우스에게 큰 만족이라는 보상을 해 준다. 이러한 정신적인 만족감은 행동을 지속하는 원동력이 된다.

목표에는 단기적인 것과 장기적인 것이 있다. 지금 열심히 노력하면 어른이 되어서 이런저런 좋은 일이 있다고 알려 주어도 실감하지 못하는 아이가 많다. 아이들에게 어른이 되는 것은 아주 먼 미래의 일처럼 여겨진다. 아이들에게 중요한 것은 지금 순간에 느끼는 만족이기 때문이다.

아이들이 목표를 정하고 실행하도록 하기 위해서는 목표를 달성하기까지 할 수 있는 일을 세부적으로 나누고, 작은 것을 수행할 때마다 즐거움을 경험하며 스스로 잘 해낼 수 있다는 자신감을 보상으로 느끼게 해 주는 것이 필요하다.

📖 여행을 하던 어느 날 미스 럼피우스는 허리가 몹시 아팠다. 미스 럼피우스는 지금까지 자신이 너무 무리했다고 생각하며 이제 바닷가에 살 집을 구해야겠다고 말했다.

미스 럼피우스처럼 자기관찰과 자기대화가 자연스럽게 이루어 지는 개인이해지능이 강점인 사람은 상황에 따라 자신의 행동을 검색하고 조절하는 것이 가능하다. 이에 반해 자기의 목표가 없거나 시키는 일만 잘 따라 하는 아이는 자기관찰보다 남들의 눈치를 더 살피고 남들의 의견에 따라 주관 없이 쉽게 흔들린다. 이처럼 자신에 대한 민감성은 목표를 수행하는 과정에서 단서를 놓치지 않고 다음 단계로 변화할 시기를 정할 수 있도록 하는 중요한 요소 이다.

📖 긴 여정을 마친 미스 럼피우스는 할아버지에게 얘기한 대로 바닷 가에 집을 지었다. 그리고 바위투성이인 정원에 꽃씨를 뿌리면서 어릴 때 꿈을 떠올렸다. 그랬더니 아직 세상을 더 아름답게 하는 일이 남아 있었다. 하지만 미스 럼피우스에게는 세상이 무척 아름다워서 자신이 더 할 일은 없다는 생각이 들었다.

미스 럼피우스는 어렸을 때부터 꿈꾸며 동경하던 먼 나라들을 여행하고 할아버지처럼 바닷가에 집을 마련한다. 자기가 하려던 일을 다 마친 그녀는 평범한 할머니의 모습이 되었다. 열정과 힘은 사라지고 편안하고 만족스런 생활만이 남아 있다. 문득 세상을 더 아름답게 하라는 할아버지의 말이 떠올랐지만, 모든 것이 만족스런 그녀는 이제 더 이상 자신이 할 일은 없다고 느낀다.

부족함과 불만은 성장과 변화를 추구하는 동기가 된다. 요즘 부모들은 아이들을 부족함과 불만 없이 키우려고 한다. 그러나 다른 사람이 모든 것을 대신해 주어서 자신이 할 일이 아무 것도 없다는 생각은 아이들을 무력하게 만든다. 그러나 목표가 있다면 그 목표를 이루기 위해 자신에게 무엇이 부족한지 스스로 반성하고 부족한 것을 채우기 위해 노력하게 된다.

이듬해 봄 미스 럼피우스는 몹시 아팠다. 그래서 날마다 침대에 누워 지내다시피 했다. 문득 창밖으로 작년에 심은 꽃씨가 자라서 아름답게 루핀 꽃이 만발한 것이 보였다. 미스 럼피우스는 무척 기뻐하며 여름에 꽃씨를 좀 더 많이 뿌려서 내년에는 더 많은 꽃이 피었으면 좋겠다고 생각했다.
그 후 미스 럼피우스는 몸이 많이 좋아져서 오랫동안 가보지 못했던 언덕 위로 산책을 갔다. 언덕 꼭대기에서 보니 루핀 꽃들이 가득했다. 미스 럼피우스는 바람과 새들이 자기 집 정원에서 꽃씨를 싣고 언덕으로 왔기 때문이라고 생각하며 기뻐하였다. 언덕에 가득한 루핀 꽃들을 보며 미스 럼피우스는 자신의 마지막 소원을 이룰 멋진 생각이 떠올랐다.

미스 럼피우스는 자신이 무심히 뿌린 꽃씨가 기운을 되찾아 주고 기쁨을 주는 것을 발견한다. 그리고 자신을 변화시킨 원인을 찾아 그 단서를 놓치지 않고 관심을 집중한다. 나아가 세상을 좀 더 아름답게 변화시킬 방법을 찾아낸다. 미스 럼피우스는 자신이 해야 할 바가 무엇인지 확실히 알게 되고, 그것을 실천하려고 한다.

자신을 실현하고 성공하는 능력

미스 럼피우스는 여름 내내 주머니에 꽃씨를 가득 넣고 들판이며 언덕을 돌아다니며 뿌렸다. 이것을 본 사람들이 미스 럼피우스를 '정신 나 간 늙은이'라고 불렀지만, 미스 럼피우스는 마음에 두지 않았다. 아프던 허 리도 아무렇지 않았다.

사람은 살면서 자신의 신념을 실현하는 과정에서 오해와 직면하 게 된다. 이때 영웅처럼 용기와 고난을 극복하려는 불굴의 정신이 필요하다. 미스 럼피우스는 세계 여러 나라를 다니면서 마음을 움 직이는 감동스럽고 아름다운 풍경과 사람들을 많이 만났다. 잊지 못할 아름다운 풍경들과 잊지 못할 친절한 사람들이 가득한 그녀 의 마음은 꽃씨를 뿌리고 꽃들로 가득 할 세상을 기대하는 마음과 일치한다. 자기의 바람과 일치하는 목표를 가진 사람은 강하다. 자 신에게 적합한 목표를 가진 사람은 반성할 줄 알며, 무엇이 자신이 갈 길인가를 항상 마음속으로 묻는 자기대화로 고통을 즐겁게 참 고 견딘다. 따라서 아이들이 나약해지지 않고 목표를 향해 꾸준히 노력하게 하려면 자신이 좋아하는 것이 무엇인지 경험하게 하고 스스로 목표를 세울 수 있도록 해야 한다.

📖 다음해 봄 마을은 온통 루핀 꽃으로 가득했다. 들판, 언덕, 학교, 교회 뒷마당도 모두 아름다운 꽃밭이 되었다. 미스 럼피우스는 할아버지께 약속한 세 번째 일을 해냈다.

　미스 럼피우스는 자신의 마음속에 있는 아름다움을 다른 사람들과 나누어 자기실현을 하려고 한다. 자기실현이란 자기 안의 세계에 자신을 맞추고, 자신의 개성이나 능력을 발달시켜 자신이 속해 있는 사회 구성원들과 함께 나누는 것이다.

📖 미스 럼피우스는 할머니가 되었고, 매년 루핀 꽃은 더 많이 피었다. 사람들은 할머니를 루핀 부인이라고 불렀다. 고모할머니가 된 루핀 부인은 어린 손녀에게 먼 나라 이야기를 들려 주었다. 이야기를 들은 아이는 루핀 부인이 어릴 시절 그랬던 것처럼 자신도 어른이 되면 세계 여행을 하고, 나이가 들면 바닷가 집에서 살겠다고 하였다.
그러면 루핀 부인은 아이에게 자신의 할아버지처럼 해야 할 일이 한 가지 더 있는데 '세상을 좀 더 아름답게 만드는 일 '이라고 했다. 아이는 예전 루핀 부인이 어렸을 때처럼 알겠다고 했지만, 어떻게 해야 세상을 좀 더 아름답게 만드는지 아직은 모르겠다고 생각했다.

　앨리스, 미스 럼피우스, 루핀 부인은 주인공을 부르는 여러 가지 이름이다. 할아버지가 꼬마 앨리스에게, 루핀 부인이 또 다른 손녀에게 들려 준 내용은 우리들이 기억하고 전해야 할 아름다운 이야기이다. 이 이야기가 아름다운 것은 꿈과 희망을 주는 힘이 있기 때문이다.

그림책『미스 럼피우스』는 자신의 꿈이 무엇인지 알고 이를 자기의 방식으로 키워내는 힘, 자신에게 적합한 모델을 찾아내는 힘, 목표를 정해 실행하고 성과를 다른 사람들과 함께 나누는 것을 생각하게 해 준다. 그 생각대로 산다면 세상을 좀 더 아름답게 하고 개인적으로도 성공할 수 있을 것이다. 그림책을 보고 나면 루핀 할머니의 손녀도 나중에 세상을 아름답게 만드는 사람이 될 것이라는 생각이 든다. 한 마디로 말하면, 『미스 럼피우스』는 다양성과 창의성이 요구되는 시대에 적합한 개인이해지능을 발현하는 성공 이야기를 담고 있다.

활용한 도서 : 『미스 럼피우스』 / 바버러 쿠니 글 · 그림 / 시공주니어

아이에게 『미스 럼피우스』를 읽고 다음과 같은 단계별 활동으로 자신을 관찰하고 자신에게 적합한 목표를 세워 성공일기를 쓰게 하자. 이러한 활동은 아이들로 하여금 성공한 모습을 생생하게 그려볼 수 있도록 하는데, 구체적인 이미지를 그려 보는 습관은 목표를 실천하여 달성하는 가장 강력한 방법이 된다고 한다.

1단계   자기관찰로 배우고 따라 할 적합한 모델 선택하기
2단계   자기대화로 큰 목표를 작은 목표로 나누기
3단계   스스로 즐겁고 만족하는지 자기도식을 기준으로 평가하기
4단계   잘했는지 잘못했는지 주기적으로 확인하여 자기효능감 높이기
5단계   자아를 실현하고 함께 나누기

자기관찰을 위해 일주일 동안 생활하면서 즐거웠던 일, 싫었던 일, 만족할 만큼 잘한 일, 잘하지 못한 일을 기록하게 한다. 막연히 기록하도록 하기보다는 오전 9시, 낮 12시, 오후 3시, 저녁 6시, 잠들기 전과 같이 시간을 정해놓고 그때 구체적으로 무엇을 하고 있었는지 기록하게 한다. 즐거웠던 일은 ◎, 싫었던 일 ×, 만족하게 잘한 일 ☆, 잘하지 못한 일 ∨라고 표시하도록 한다.
자기관찰을 잘 할 수 있도록 부모나 형제도 표를 기록하여 아이가 따라 할 수 있도록 한다.
표에서 즐거웠던 일(◎), 잘한 일(☆) 등이 무엇인지 찾아보고 "나는 개와 노는 것이 즐겁고, 개를 잘 돌보네."라고 스스로 자기와 대화하면서 목표를 정하도록 한다. 아이가 즐거워하는 일, 잘하는 것을 찾으면 구체적인 직업을 정하지 않아도 되지만, 그것이 어떤 직업과 연관이 되는지 안내를 해 주는 것이 필요하다. 친척이나 아는 사람, 혹은 책 속에 나오는 인물 중에 아이와 비슷한 대상을 찾아 보게 할 수도 있다.

예〉

	월	화	수	목	금	토	일
오전 9시	학교에 가는 중 ∨(지각)	교실에서 책읽기 ◎(칭찬)					
낮 12시							
오후 3시							
저녁 6시							
잠들기 전							

아이에게 성공일기를 써 보도록 한다. 아이가 커서 어떤 사람이 되고 싶은지 목표를 정하도록 한다. 공책에 〈성공일기〉라 쓰고 자신이 성공했을 때의 모습을 그림으로 그리거나, 닮고 싶은 사람의 사진을 붙이게 한다.

공책 안에는 성공을 위해 할 수 있는 작은 목표를 적는다. 공책에 써 놓은 목표를 잘 수행했는지 주기적으로 평가해 보면서 자기효능감이 높아질 수 있도록 한다. 성공일기를 친구들과 바꿔 보면서 스스로 만족감을 느끼게 한다.

개인이해지능과 관련된 도서

- 『괜찮아, 넌 할 수 있어』 / 클레르프 리드먼 글 / 가비 한센 그림 / 세상모든책
- 『굿바이 마우지』 / 로비 H. 해리스 글 / 잔 오머로드 그림 / 사파리
- 『그래도 엄마는 너를 사랑한단다』 / 이언 포크너 글 · 그림 / 중앙출판사
- 『깃털없는 기러기 보르카』 / 존 버닝햄 글 · 그림 / 비룡소
- 『까만 크레파스』 / 나카야 미와 글 · 그림 / 웅진닷컴
- 『꼴찌로 태어난 토마토』 / 양혜원 글 / 박현자 그림 / 문학동네
- 『난 내 이름이 참 좋아』 / 케빈 헹크스 글 / 비룡소
- 『날고 싶어』 / 사라 파넬리 지음 / 보림
- 『날아라 펭귄』 / 아네테 블라이 글 / 예림당
- 『내 귀는 레몬 빛』 / 카챠 라이더 글 / 안겔라 폰 로엘 그림 / 문학동네
- 『내 귀는 짝짝이』 / 히도 반 헤네흐텐 글 · 그림 / 웅진주니어
- 『달팽이가 말하기를』 / 김춘효 글 / 민정영 그림 / 마루벌
- 『대포알 심프』 / 존 버닝햄 글 / 비룡소
- 『부루퉁한 스핑키』 / 윌리엄 스타이그 글 · 그림 / 비룡소
- 『세상에서 제일 힘센 수탉』 / 이호백 글 / 이억배 그림 / 재미마주
- 『알도』 / 존 버닝햄 글 · 그림 / 시공주니어
- 『암소 로자의 살빼기 작전』 / 크리스텔 데무아노 글 · 그림 / 사계절
- 『어둠을 무서워하는 꼬마 박쥐』 / G. 바게너 글 / E. 우르베루아가 그림 / 비룡소
- 『톰의 꼬리』 / 린다 제닝스 글 / 팀 원즈 그림 / 미래M&B
- 『프레드가 겁쟁이라고』 / 린다 제닝스 글 / 바시아 보그다노비츠 그림 / 문학동네어린이
- 『휘파람을 불어요』 / 에즈러 잭 키츠 글 · 그림 / 시공주니어
- 『힘내라 윌리엄』 / 히테 스페 글 · 그림 / 교학사

2장

아이들이 자라면서 가족이나 친구 또는 다른 사람과 원만하게 잘 지내는 것은 매우 중요하다. 우리 주변을 살펴보면 유난히 친구가 많고, 형제자매나 친구들과 사이가 좋은 아이들이 있다. 이런 아이들은 상대방의 마음이 어떤지 이해하고 상황에 잘 대처한다. 예를 들어, 재현이는 친구가 좋아하는 장난감이 망가져서 속상해 할 때 친구의 마음에 공감하여 자신도 물건이 망가져서 속상했던 경험을 이야기하며 친구를 위로한다. 나아가 망가진 장난감을 고칠 수 있는 방법이나 장난감을 대신할 다른 것을 찾는 등 대안을 함께 찾아 보자고 하기도 한다. 재현이는 대인관계지능이 뛰어난 아이라고 볼 수 있다.

대인관계지능이란 다른 사람들과 교류하고 이해하며, 그들의 행동을 해석하는 능력이다. 즉 다른 사람의 표정, 목소리, 몸짓 등에 나타나는 감정이나 동기 등을 인식하고 구분할 수 있는 능력이다. 또한 대인관계에서 나타나는 여러 가지 특징과 의도를 판단하는 역량이며, 이러한 것들에 효율적으로 대처하는 능력이다.

대인관계지능

글_ 전혜경

대인관계지능을 강점으로 갖고 있는 사람들은 친구가 많고, 다른 사람을 잘 도와주고 상황에 맞게 행동하기 때문에 대인관계가 원만한 편이다. 이런 사람들은 의사소통을 할 때 말로 대화를 나누는 언어적 요소, 표정이나 몸짓과 같은 비언어적 요소를 모두 잘 활용한다. 대인관계지능이 높은 사람들은 남다른 소통의 기술을 바탕으로 그룹 활동에도 잘 참여하며, 그룹 내에서 중요한 역할을 담당하기도 한다. 그룹 안에 문제가 발생할 경우 중재, 조정 등을 잘할 뿐 아니라, 리더 역할도 훌륭하게 해 낼 수 있다. 유능한 정치가, 지도자, 성직자들이 대체로 대인관계지능이 우수한 사람들이다.

대인관계지능에서는 다른 사람을 이해하는 능력, 다른 사람과 잘 어울리는 능력, 다른 사람을 잘 이끄는 능력이 중요한 부분을 차지한다.

그림책에서 찾은 **대인관계지능**

1 공감하기 – 다른 사람 이해하기

밸러리 토머스가 지은 그림책『마녀 위니』 에는 마녀 위니와 까만 고양이 윌버가 나온다. 마녀 위니는 윌버의 마음이나 생각에는 관심이 없고, 자신이 하고 싶은 대로만 한다. 결국 마녀 위니의 이런 행동 때문에 윌버가 슬퍼하게 되는 상황이 벌어진다. 마녀 위니는 처음에는 윌버가 슬퍼하는 이유를 알려고 하지 않는다. 그러나 나중에는 윌버가 슬퍼하는 이유를 알게 되고 슬픈 마음에 공감하게 되자 윌버를 위한 좋은 해결책을 생각해낸다. 윌버를 대하는 마녀 위니의 태도를 보면 상대방에게 공감하는 능력이 인간관계를 맺는 데 어떤 영향을 미치는지 알 수 있다.

공감이란 상대방의 상황을 이해하고 상대방과 같은 감정을 느끼는 것이다. 공감이 이루어지면 자신이 이해한 내용을 보통 상대방에게 말로 전달한다. 의사를 전달하기 위해서 언어적 전달뿐만 아니라 몸짓, 표정, 관심 보이기 등의 비언어적 요소를 사용하기도 한다.

공감능력이 떨어지는 사람은 상대방의 표정을 보았을 때 그 사람이 화가 났는지, 슬퍼하는지 정도는 알지만, 그 감정의 원인이 무엇인지에 대해서는 잘 알지 못하며, 그런 상황에 잘 대처하지 못한다. 그러나 공감능력이 뛰어난 사람은 상대방의 상황을 잘 이해하고, 그 상황에 도움이 되는 말이나 행동을 할 수 있다. 대인관계에서 공감은 서로 간에 친밀한 관계를 만들어 가는 데 도움을 주기 때문에 대인관계를 형성하는 기본 바탕이 된다. 그러므로 공감능력의 발달은 대인관계지능과 밀접한 관련이 있다.

다른 사람과 충분한 공감이 이루어지기까지는 여러 단계를 거쳐야 한다. 마녀 위니가 고양이 윌버에게 공감하는 과정도 여러 단계를 거쳐 일어난다. 마녀 위니와 윌버의 이야기에서 대인관계지능의 한 요소인 공감하는 능력에 대해 살펴보자.

관심 갖기

마녀 위니는 까만 집에서 까만 고양이 윌버와 함께 살고 있다. 부엌도 까만색이고 침실도, 욕실도 이불도 모두 까만색이다. 집이 모두 까만색이다 보니 까만 고양이 윌버는 눈에 잘 띄지 않는다. 마녀 위니는 자꾸 윌버에게 걸려 넘어지는 일이 생기자, 윌버의 존재에 대해 전과 달리 예민하게 느끼기 시작한다.

마녀 위니는 평소에 고양이 윌버의 기분을 살피거나 감정을 알아야 할 필요가 없었다. 망원경을 들여다 보거나 책을 읽고, 차를 마시는 등 하고 싶은 일을 하면 그만이었다. 그런데 고양이 윌버 때문에 자꾸 넘어지면서 이런 일이 왜 일어나는지 생각하게 되고 고양이 윌버가 까만색이기 때문이라는 것을 알게 된다.

마녀 위니는 자신의 발에 걸리거나 자신이 깔고 앉았을 때 고양이 윌버의 기분이 어떨지 전혀 관심을 두지 않았다. 자신의 불편과 고통에만 관심을 두고 있어서 상대의 표정이나 감정을 인식하지 못했다. 다만 자신의 불편함 때문에 윌버가 까만색이라는 것에 주목하게 되었다. 공감하기 위해서는 먼저 상대방에게 관심을 가져야 한다.

내 입장에서 생각하기

어느 날 까만 고양이 윌버에게 걸려 계단에서 굴러 떨어진 날 마녀 위니는 고양이 윌버를 연두색으로 바꿔버린다.

윌버의 눈은 연두색이다. 연두색 눈은 윌버가 어디에 있는지 알수 있게 해주는 유일한 단서가 되었다. 그런데 마녀 위니는 윌버의 연두색 눈을 보고 윌버의 몸 전체를 연두색으로 바꿔버린다. 윌버의 몸을 연두색으로 바꾸면 잘 보일 거라고 생각했기 때문이다. 마녀 위니는 문제의 원인이 고양이 윌버에게 있다 생각하고 자신의 불편함만을 우선적으로 해결한 것이다.

마녀 위니는 마술을 부리는 능력이 있다. 하지만 윌버에게는 그러한 능력이 없으므로 마녀 위니가 하는 대로 당하고 있을 수밖에 없다. 마녀 위니는 불편함이 사라졌지만 윌버는 속상하고 억울한 마음이 생겼을 것이다. 사람들이 갈등을 쉽게 해결하지 못하는 이유는 마녀 위니처럼 상대의 입장에서 생각해 보는 마음이 부족하기 때문이다. 공감능력이 떨어지면 갈등을 잘 해결하지 못하고 인간관계를 원만하게 유지하기도 어렵다.

까만 고양이 윌버를 연두색으로 바꿔놓자 윌버가 의자에서 잠을 자거나 마룻바닥에서 잠을 자도 잘 볼 수 있게 된다. 결과 마녀 위니는 고양이 윌버가 침대에서 자는 것을 알게 되어 윌버를 밖으로 내보낸다.

마녀 위니는 예전에는 몰랐지만 윌버가 연두색으로 바뀌자 침대 위에 올라와 자는 것을 알게 된다. 애완동물이 침대 위에서 자는 것을 허용하는 사람도 있지만, 마녀 위니는 그렇지 못하여 고양이 윌버를 집 밖 풀밭으로 내보낸다. 이러한 행동은 또 다른 문제를 일으킨다.

마녀 위니는 연두색 고양이 윌버에게 걸려 장미 덤불 속에 처박히자 몹시 화가 나서 이번에는 윌버를 알록달록한 색깔로 바꿔버린다.

마녀 위니는 연두색 풀밭에서는 연두색 윌버가 잘 보이지 않을 것이라는 사실을 미처 알지 못했다. 그러나 그녀가 아무 생각 없이 윌버를 연두색으로 바꾼 것이 또 다른 문제를 초래한다. 모든 원인이 윌버에게만 있다고 생각했던 마녀 위니는 비로소 자신의 실수를 깨닫는다.

그러나 마녀 위니는 여전히 문제 해결 방법을 고양이 윌버에게서 찾고 있다. 윌버의 색깔만 달라지면 문제가 해결된다는 좁은 관점을 가지고 있기 때문이다. 문제를 근본적으로 해결하려면 문제가 발생한 상황 속에서 해결책을 찾아야 한다. 또한 문제를 분석해 보려면 거리를 두고 전체적인 것을 객관적으로 바라보아야 한다.

상대방에 대해 알기

고양이 윌버는 마녀 위니가 자신의 모습을 변화시킨 후 자신이 우스꽝스럽게 보인다는 것을 알고 나무 위에 올라가 숨어버린다. 마녀 위니는 다음날에도 윌버가 내려오지 않자 걱정이 된다. 왜냐하면 윌버가 슬퍼하는 것이 싫기 때문이다.

일방적으로 당하기만 하는 고양이 윌버의 표정은 시무룩하고 슬퍼 보인다. 마녀 위니는 윌버가 나무에서 내려오지 않자 그때서야 윌버의 기분을 살핀다. 그리고 윌버가 슬퍼하고 있다는 것을 알게 된다. 하지만 그 이유가 무엇인지는 모른다.

공감이란 마치 자신이 상대방이 된 것처럼 느끼고 생각하는 것이다. 그러기 위해서는 다른 사람의 입장을 이해할 수 있어야 한다. 즉 윌버가 자기의 의지와는 상관없이 연두색이 되었다가 알록달록한 색이 되었을 때 어떤 기분이 들었을지 색을 바꾸는 능력이 없는 윌버의 입장이 되어 생각해 보아야 한다.

마녀 위니는 슬퍼하는 윌버를 보며 문제의 원인이 윌버가 아니라 다른 데 있을지도 모른다는 생각을 하게 된다. 이렇게 자신의 입장에서만 생각하던 것에서 벗어나 상대방의 입장에서 생각해 보는 것은 공감을 하기 위한 과정이다.

상대방의 입장에서 생각하고 느끼기

마녀 위니는 고양이 윌버를 원래의 까만색으로 돌려놓는다. 그리고 다시 요술지팡이를 휘둘러 집을 다른 색깔로 바꾼다. 까만 집은 사라지고 처음과는 완전히 다른 알록달록한 집이 생긴다. 까만 욕실은 하얀 욕조가 있는 욕실로 바뀌고 이불은 분홍색이 된다.

마녀 위니가 윌버의 색을 원래대로 돌려놓은 이유는 무엇일까? 집 색깔을 바꾼 이유는 무엇일까? 마녀 위니가 윌버의 슬픈 마음에 공감할 수 있었기 때문이다.

상대방의 입장에서 생각하고 느끼는 공감능력은 '이심전심(以心傳心)'이라고 표현할 수 있다. 이심전심이란 상대방의 입장이 되어 겉으로 드러난 감정뿐 아니라 숨겨진 내면의 감정까지도 살펴 뜻이 통한다는 의미이다.

일상생활에서 느끼는 감정이나 생각은 자신이 처해 있는 상황에 따라 아주 개인적이고 주관적인 경우가 많다. 마녀 위니와 고양이 윌버처럼 능력이나 형편이 다른 경우 생각과 느낌이 더욱 많이 다를 것이다.

그런데 상대방의 상황을 고려하여 그의 기분이나 생각이 어떠할지 예측한 다음 어떻게 행동해야 할지를 선택하는 것은 쉬운 일이 아니다. 마녀 위니가 실패를 거듭하며 윌버의 마음에 공감할 수 있었던 것은 둘 사이의 친밀감 때문일 것이다. 슬퍼하는 윌버의 마음을 알아도 윌버를 아끼는 친밀감이 없었다면 자신이 살고 있던 집을 다른 색깔로 바꾸지 않았을 것이다. 이처럼 상대방을 아끼고 이해하며 친밀한 관계를 유지하게 하는 것이 공감능력이다. 이런 능력이 뛰어난 사람은 대인관계지능이 높다.

『마녀 위니』의 마지막 그림에 나오는 온통 노랗고 빨간 색으로 알록달록한 집은 보는 아이들의 기분을 유쾌하게 만들어 줄 것이다. 그 그림 속 알록달록한 집에서 마녀 위니는 행복한 표정으로 책을 읽고 있고, 까만 고양이 윌버는 그 앞에 편안하게 앉아 있다.

활용한 도서 : 『마녀 위니』 / 밸러리 토머스 글 / 코키 폴 그림 / 비룡소

사람들의 감정에 대해 알기

사람의 감정을 나타내는 낱말은 '슬픈, 행복한, 화가 난, 즐거운, 걱정스러운, 우울한, 혼란스러운' 등 여러 가지가 있다. 사람들은 다양한 상황에서 다양한 감정을 느끼고 그 감정은 각각 다른 표정으로 나타난다. 대인관계지능을 강점으로 갖고 있는 아이는 가족이나 친구, 선생님 등 주변 사람들의 표정이나 기분에 대해 잘 인식한다. 아이들의 이런 능력을 향상시키기 위해 사람들이 어떤 감정을 갖고 있는지 표정을 통해 알아보는 활동을 할 수 있다. 여러 가지 표정을 나타내는 얼굴 그림을 아이들에게 보여 주고 그런 표정을 지을 때 어떤 기분일지 생각하게 하자.

이런 활동은 세상에는 다양한 종류의 감정들이 있다는 것을 알게 하고, 다른 사람의 표정을 보고 그 사람의 감정이 어떠할지 판단할 수 있게 도와준다. 또한 사람들의 표정에 관심이 없던 아이로 하여금 다른 이들의 표정이나 감정에 좀 더 관심을 갖게 하고 상대를 이해하는 능력을 키우는 데 도움을 주기도 한다.

아울러 아이들이 알고 있는 감정을 나타내는 낱말을 몸짓이나 행동 등 비언어적인 방법으로 표현해 보는 활동도 해 볼 수 있다. 감정을 직접 몸으로 표현해 봄으로써 감정과 관련된 낱말의 의미를 잘 이해할 수 있게 된다. 이런 활동을 해 본 아이는 다른 사람의 기분이나 감정을 잘 알게 된다.

어떤 기분인지 이해하기

까만 고양이 윌버는 의자에 앉아 있다가 마녀 위니에게 깔리기도 하고 계단에 누워 있다가 마녀 위니의 발에 걷어차이기도 했다. 이럴 때 윌버의 기분은 어떠했을지 아이들과 이야기를 나누어 볼 수 있다. 이런 상황은 실제 아이들이 생활 속에서 겪을 수 있는 일들이기도 하다.

예를 들면, 다른 친구들과 함께 활동을 할 때 내가 만들어 놓은 장난감 모형을 친구가 지나가다가 건드려서 부숴버릴 수도 있다. 이 경우 어떤 기분이 들지 생각해 보게 하면 윌버가 어떤 감정이었을지 이해하기가 쉬울 것이다.

또한 실수로 친구의 장난감 모형을 부서지게 한 아이는 어떤 감정이 들지 생각하게 할 수도 있다. 장난감을 부서지게 한 친구의 마음이 어떠할지 생각해 보면 상대에 대해 좀 더 잘 이해하는 아이가 될 것이다. 물론, 친구들과도 원만한 관계를 유지할 수 있을 것이다.

이렇게 상대의 기분이 어떠한지 이해하는 활동은 아이들의 공감능력을 향상시키는 데 도움을 준다.

열심히 듣기(경청하기)

까만 고양이 윌버는 자신의 모습이 알록달록한 색깔로 바뀌자 나무 위로 올라가서 내려오지 않았다. 윌버가 내려오지 않은 이유가 무엇인지는 책 속에서 찾을 수 있다.

윌버가 내려오지 않은 이유에 대해 공감하기 위해서는 윌버와 마녀 위니의 역할을 맡아 역할극을 하게 하는 것도 좋은 방법이다. 두 명의 아이가 역할을 맡고 상대편의 이야기를 들어 보게 하는 것이다. 윌버의 역할을 맡은 아이가 먼저 이야기를 하게 한다. 자신이 왜 슬퍼졌고 나무에서 내려오고 싶지 않은 이유가 무엇인지 윌버의 입장이 되어 이야기하도록 하자. 이때 마녀 위니 역할을 맡은 아이는 상대가 이야기할 때 질문하거나 반론하지 말고 무조건 듣도록 해야 한다. 그리고 나면 먼저 이야기를 했던 아이가 듣는 입장이 되어 상대의 이야기를 충분히 듣도록 한다.

공감하기 위해서는 다른 사람의 이야기를 경청할 줄 알아야 한다. 상대방의 이야기를 충분히 들어 보면 그런 감정을 가지게 된 이유가 무엇인지 알 수 있고, 상대에 대해 잘 이해할 수 있다.

2 사회성 키우기

 – 다른 사람과 함께하기

도와줄 게

루스 브라운이 지은 그림책 『도와줘, 헨리』에 나오는 주인공 헨리는 무엇이든지 잘 도와주는 아이이다. 표지에 등장하는 헨리의 모습은 고무장갑을 끼고 청소용 솔을 들고 있으며 옷에 페인트가 잔뜩 묻어 있다. 이런 모습에서 이 아이가 무슨 일을 했는지 쉽게 추측할 수 있다. 헨리처럼 누군가를 도우려고 하는 행동을 친사회적 행동이라고 한다.

친사회적 행동은 스스로 다른 사람을 돕거나 이롭게 하는 행위로, 다른 사람들과 함께 잘 지내기 위해서 꼭 필요하다. 자신의 장난감을 다른 친구와 같이 가지고 놀거나, 차례를 잘 지키고, 곤경에 처한 친구를 도와주며, 다른 친구가 같이 놀자고 할 때 잘 받아주는 것 등이 친사회적 행동이다.

다른 사람과 잘 어울리고 함께 하기를 즐기는 아이들은 대인관계지능이 높다고 할 수 있는데, 이런 친사회적 행동은 원만한 대인관계를 맺는 데 도움을 많이 준다.

친사회적 행동 중 돕기 행동에 관한 것을 『도와줘, 헨리』를 통해 찾아 보자.

헨리는 다른 사람을 잘 도와주는 아이이다. 그림을 보면 헨리는 엄마를 기쁘게 해 주려고 목욕탕 바닥도 닦고 세면대랑 변기랑 욕조도 싹싹 닦고 있다.

아이들은 헨리처럼 엄마를 돕기 위해 컵이나 접시를 부엌에 가져다 놓으려고 한다든지, 어떤 물건을 가져와야 할 때 자신이 가져오겠다고 나서기도 한다.

아이들은 누군가를 도우려는 행동을 아주 어릴 때부터 하기 시작한다. 이런 행동은 아이들이 커가면서 점점 더 늘어나는데, 이는 다른 사람과 상호작용할 기회가 많아지고 그에 따라 자기중심적인 사고에서 조금씩 벗어나게 되기 때문이다.

헨리는 엄마, 아빠를 기쁘게 해 드리려고 양말도 빨고, 쿠션도 빤다. 그런데 개수대에는 물이 넘치고 바닥은 온통 비누거품 투성이가 되어 있다. 헨리가 한 일을 보고 엄마와 아빠가 소리치자 헨리는 부모님을 도우려고 한 자신의 마음을 몰라 준다는 생각에 한숨을 쉰다.

수채화로 표현된 그림 속에는 물이 철철 넘쳐흐르고 거품이 가득하다. 글을 읽지 않고 그림만 보면 헨리는 빨래를 하고 있는 것이 아니라 개수대에서 장난을 치고 있는 것처럼 보인다. 아이들은 부모를 돕기 위해 여러 가지 행동을 하는데, 도움이 되기보다는 일거리를 만들어 줄 때가 더 많다. 헨리의 경우도 마찬가지이다.

아이들의 돕기 행동은 친구가 도와달라고 부탁을 하거나 누군가가 명령을 했을 때 비로소 시작된다. 이런 단계가 지나면 다른 사람에게 이익을 주려는 동기를 갖게 되고 도움이 되는 행동을 선택하여 실천하려고 한다. 헨리가 엄마, 아빠를 도우려는 마음으로 빨래를 했듯이 친사회적 행동은 이렇게 자발적으로 일어난다.

📖 헨리는 이번에는 아빠를 돕기 위해 가구에 페인트칠을 하고, 멋진 케이크를 만들려다 부엌을 엉망진창으로 만들어 놓는다. 이걸 본 엄마가 또 소리치며 화를 내자 헨리는 시무룩한 표정으로 엄마를 기쁘게 하기 위해 한 것이라고 이야기한다.

헨리의 부모는 헨리가 왜 그런 일들을 했는지 이유는 묻지 않고 엉망진창이 된 실내를 보며 화를 내고 있다. 헨리는 자신의 마음을 몰라주는 부모에게 서운한 마음이 들었을 것이다. 아이들은 스스로 남을 도우려고 한 행동에 대해 야단이나 질책을 받게 되면 점점 주눅이 들어 그런 행동을 하지 않게 된다. 아이들이 남을 잘 돕게 하려면 부모의 칭찬이 중요하다.

헨리는 남을 잘 돕는 아이이다. 남을 잘 돕는 아이는 다른 사람들과 함께 잘 어울려 생활할 수 있다. 남을 돕는 행동은 대인관계지능을 발달시키는 데 도움을 준다.

어느 날 아빠는 헨리에게 유치원에 가면 재미있는 것을 더 많이 배울 수 있다고 하신다. 아빠의 말씀에 따라 유치원에 간 헨리는 모든 것이 낯설고 새롭게 느껴진다. 그러나 아이들과 금방 친해진 헨리는 아이들을 위해 개수대를 닦고, 책상자도 정리하고, 아이들이 벗어 놓은 외투도 옷걸이에 걸어 놓는다. 일과가 끝나고 엄마가 데리러 왔을 때 선생님은 헨리처럼 일을 잘 도와주는 아이는 여태껏 한 명도 없었다며 헨리를 칭찬해 주신다. 선생님의 칭찬을 받은 헨리는 엄마를 보며 미소 짓는다.

유치원에 처음 갔을 때 헨리는 다른 아이들과 섞여 놀지 못하고 외로운 표정을 한다. 그러나 헨리와 아이들은 금세 친해져서 파이를 만들거나 그림을 그리는 활동을 함께 한다. 이때 헨리는 다른 아이들을 위하여 주스를 나누어 주고, 붓을 씻고, 책도 정리한다. 헨리가 아이들을 도와주는 행동은 여전히 능숙하진 않지만, 아이들과 쉽게 친해질 수 있는 계기가 된다. 친구들을 돕는 헨리의 표정은 밝아 보인다. 엄마, 아빠와 달리 선생님은 헨리의 행동에 칭찬을 해 주셨다. 남을 잘 돕는 헨리는 앞으로도 친구들과 잘 지내는 아이가 될 것이다.

나눠줄 게

레오 니오니가 쓴 『티코와 황금날개』는 친구들과는 다른 황금날개를 갖게 된 새 티코의 이야기이다. 티코는 처음에는 날개가 없었는데 소망의 새로부터 황금날개를 받는다. 그러자 티코에게 잘해주던 친구들은 황금날개를 단 티코가 잘난 체한다며 떠나버린다. 티코는 외로운 새가 되어버리고 만다. 이런 처지에 놓여있던 티코는 나누는 삶을 살게 되면서 친구들을 되찾게 된다.

나누기란 자신이 가진 것을 다른 사람에게 주며 그들과 잘 지낼 수 있도록 해 주는 친사회적 행동이다. 황금날개를 가진 티코가 나눔을 실천하는 과정을 살펴보자.

티코는 어린 시절부터 날개가 없었는데 소망의 새로부터 황금날개를 받아 날 수 있게 된다. 그런데 티코를 사랑해주던 친구들은 티코에게 황금날개가 생기자 티코가 잘난 체한다며 모두 날아가버린다. 티코는 친구들이 모두 가버리자 몹시 외로워진다.
그러던 어느 날 티코는 아이가 아픈데도 약을 살 수 없어 슬피 울고 있는 아저씨를 만난다. 티코는 아저씨를 도울 방법에 대해 생각하다가 황금깃털을 하나 뽑아 아저씨에게 준다. 그러자 황금깃털을 뽑아낸 자리에 까만 진짜 깃털이 돋아난다.

친사회적 행동을 하려면 다른 사람의 감정을 이해하고 느끼는 공감을 하거나 티코처럼 다른 사람의 필요를 알아야 한다.

친사회적 행동은 다른 사람을 이롭게 한다. 아저씨가 필요한 약을 살 수 있도록 자신의 황금날개를 나누어 주어서 아이의 목숨을 건지게 했으니, 티코의 행동은 친사회적이라고 할 수 있다.

아이의 목숨을 구한 아저씨는 티코에게 고마워하며 한편으로는 황금깃털이 빠진 티코의 날개를 걱정한다. 이와 같이 나누는 행동은 인간관계를 원만하게 유지하고 대인관계지능을 강화시켜 준다.

📖 이런 일이 있은 뒤부터 티코는 황금깃털을 여러 사람들에게 하나씩 나누어 준다. 그때마다 황금깃털은 사람들에게 좋은 선물이 된다. 티코에게 황금깃털을 받은 후 목도리를 짜야 하는 할머니에게는 물레가 생기고, 길 잃은 어부에게는 나침반이 생긴다. 그리고 마지막 황금깃털을 예쁜 처녀에게 주던 날 티코는 까만 진짜 날개를 가진 새가 된다.

티코는 황금깃털을 도움이 필요한 사람들에게 나누어 준다. 아이들이 친사회적 행동을 하는 단계를 보면 처음에는 자기중심적 관점에서 자신이 가진 것을 나누어 준다. 자신과 타인의 관점이 다르다는 것을 모르기 때문에 사탕이 있을 때 '나는 사탕을 좋아하니까 내가 더 많이 가져야하는데, 엄마가 나누어 먹는 거라 했으니까 나눠 줘야지.' 라고 생각한다. 그러다 친구와 내가 똑같이 공정하게 나누어야 한다고 생각하는 단계로 발전한다. 7~8세 정도가 되면 티코처럼 '아저씨는 가난해서 약을 살 수 없으니 황금깃털을 하나 나누어 드려야지.' 라고 생각하는 것이 가능해진다.

아이들은 보상을 받거나 다른 아이들과 상호작용하는 기회를 많이 경험했을 때 친사회적 행동을 더 많이 한다. 티코는 보상을 바라고 황금깃털을 나누어 준 것은 아니지만, 까만 진짜 깃털을 보상으로 받는다. 이런 일이 있은 뒤부터 티코는 황금깃털을 하나씩 나누어 주는 행동을 계속하였고, 그 결과 까만 진짜 날개를 가진 새가 된다. 친구들과 같은 날개를 갖게 된 티코는 친구들 무리에 낄 수 있게 된다.

까만 날개를 갖게 된 티코가 친구들이 있는 나무로 가자 친구들이 반갑게 맞아 준다. 티코는 자신이 황금깃털로 도와준 사람들의 얼굴을 떠올리며 자신과 친구들이 모두 똑같은 것은 아니며, 저마다 다른 기억이 있고 저마다 다른 황금빛 꿈들이 있다고 생각한다.

까만 진짜 날개를 갖게 된 티코는 그 날개가 황금날개만큼이나 소중하다고 생각한다. 왜냐하면 친구들은 태어날 때부터 날개가 있었지만 티코가 지금 가지게 된 날개는 불쌍한 사람들을 도와주고 생긴 것이기 때문이다. 티코의 까만 깃털 하나하나에는 그가 도와준 사람들에 대한 기억과 사연이 담겨 있다. 그렇기 때문에 티코는 자신의 까만 날개가 친구들과는 다른 특별한 날개라고 생각한다. 만약 티코가 불쌍한 사람들에게 황금깃털을 나눠 주지 않았다면 티코는 아직도 홀로 외로이 지내고 있을 것이다. 나누는 행동은 다른 사람과의 관계를 친밀하게 유지하며 행복하게 하는 데 도움을 준다.

활용한 도서 : 『도와줘, 헨리』 / 루스 브라운 글·그림 / 아이세움
『 티코와 황금날개』 / 레오 니오니 글·그림 / 마루벌

대인관계가 원만한 아이로 키우기 위해서는 아이가 배워야 할 친사회적 행동을 시범으로 보여 주며 알려 주는 것이 효과적이다. 실제 도움이 필요한 장면을 상상하면서 어떻게 행동하고 말하는 것이 좋은지 부모나 교사가 구체적으로 보여 주는 것이 좋다. 시범 보인 것을 아이가 잘 따라했을 때 칭찬하면 아이는 그런 행동을 지속적으로 하려고 할 것이다.

부모와의 관계가 긍정적일 때 아이들은 친사회적 행동을 더 많이 하는 경향이 있다. 부모와의 긍정적 관계는 아이들이 친구들과도 긍정적 관계를 맺는 데 영향을 준다.

화난 감정을 말로 표현하기

아이들은 화가 났을 때 말보다는 공격적인 신체 표현을 하는 경우가 있다. 이런 행동은 아이들의 친구관계에 좋지 않은 영향을 준다. 반면에 자신의 감정을 말로 표현하는 아이들은 친구관계를 원만하게 유지한다. 그러므로 화가 나는 감정을 말로 표현하는 방법을 연습하게 한다면 아이들이 좀 더 쉽게 친사회적 행동을 할 수 있을 것이다.

아이들에게 연습을 시키려면 부모가 시범을 보여 주는 것이 좋다. 예를 들어, "엄마는 네가 유치원에 가야하는데 옷을 갈아입지 않겠다고 해서 화가 났어."라고 화난 감정을 말로 표현해 보인다. 이 외에도 아이가 경험할 수 있는 다양한 상황들을 예로 들며 그 순간 화가 난 척하면서 감정을 말로 표현한다. 말을 하기 전에 먼저 왜 화가 났는지 생각해 보게 하고, 그 감정 상태를 어떤 말로 표현할 것인지 떠올려 보게 한다.

허락 구하기

아이들에게는 다른 사람의 물건을 빌리기 위해서는 먼저 물건 주인에게 동의를 얻어야 하는 것과 망가지지 않도록 잘 사용하고 돌려주어야 한다는 것을 가르쳐야 한다. 이런 친사회적 행동은 다른 사람을 존중하는 태도이고, 친구들과 원만한 관계를 만들어 가는 데 도움을 주는 의사소통의 방법이다. 아이들에게 허락을 구하는 말을 연습시킬 때는 왜 허락을 구해야 하는지 이유를 설명해 주는 것이 좋다. 자신의 물건을 함부로 가져가서 사용하다가 돌려준다면 좋아할 사람이 없고, 빌린 물건이 망가진다면 더 큰 문제가 생길 수 있다는 것에 대해서도 이야기를 해 주어야 한다.

물건을 빌릴 때는 어떻게 해야 하는지 아이와 함께 연습해 본다.

"영희야, 내가 오늘 색연필을 안 가져왔는데 네 것을 좀 써도 되니?"

질문을 하고 난 후에는 대답을 기다린다. "네, 쓰세요."라고 허락을 하면 색연필을 가져다 쓰고, "안 돼요."라고 대답하면 쓰지 말아야 한다. 아이가 연습한 내용을 실제 생활에서 실천하면 칭찬해 주는 것이 좋다.

3 리더 되기 – 갈등 해결하기

　도린 크로닌이 쓴 그림책 『탁탁 톡톡 음매 젖소가 편지를 쓴대요』에 등장하는 젖소들은 떼쓰는 아이처럼 일방적으로 농장 주인에게 전기담요를 달라고 한다. 이런 일방적인 요구 때문에 젖소들과 농장 주인은 갈등을 겪지만, 결국 젖소들이 양쪽 모두에게 좋은 해결책을 제시함으로써 갈등이 해결된다. 이야기에 등장하는 젖소들처럼 갈등이 생겼을 때 문제를 잘 해결하는 능력은 리더가 되는 것과 밀접한 관계가 있다.

　시대마다 요구되는 리더의 모습은 조금씩 다르다. 예전에는 대장 역할을 하며 사람들을 강하게 이끌 수 있는 사람을 리더로 원했지만, 요즘은 사람들과 함께하는 것에 적극적이고 그런 생각을 다른 이들에게 전하여 모두 함께하는 데 영향을 줄 수 있는 인물을 원한다. 이 시대가 원하는 리더가 되기 위해서는 갈등이 생겼을 때 원만하게 해결할 수 있는 능력이 있어야 한다.

아이들은 종종 가족 또는 친구관계에서 여러 가지 문제에 부딪힌다. 이럴 때 갈등을 잘 해결하는 아이는 인간관계를 원만하게 유지할 수 있고 놀이를 할 때도 친구들을 이끌 수 있다. 리더가 되어 다른 사람을 잘 이끄는 능력은 대인관계지능의 중요한 요소 중 하나이다.

탁탁 톡톡 타자치는 젖소들의 이야기를 통해 갈등 해결과 관련된 대인관계지능에 대해 살펴보자.

📖 브라운 아저씨는 젖소와 오리와 암탉들이 살고 있는 농장 주인이다. 이 농장의 젖소들은 타자치는 것을 좋아하는데 브라운 아저씨에게는 이것이 골칫거리이다.

아이들이 보는 그림책에는 사람처럼 말하거나 행동하는 동물이 자주 등장한다. 여기에 등장하는 젖소들도 사람처럼 자신의 의사를 글로 써서 전달한다.

문제가 시작되다

📖 탁탁 톡톡 온종일 타자를 치던 젖소들이 어느 날 헛간 문 앞에 편지를 붙여 놓는다. 브라운 아저씨에게 보내는 이 편지에는 헛간이 너무 추워서 젖소들이 덜덜 떨고 지내니 전기담요를 깔아 주면 좋겠다고 쓰여 있다.

젖소들은 자신들의 불편한 상황을 토로하며 필요한 물건을 달라고 브라운 아저씨에게 요구한다. 이렇게 갖고 싶은 것은 갖지 못하거나, 무엇을 하고 싶은데 하지 못할 때, 또는 자신과 상대방이 원하는 것이 다른 경우에도 갈등이 생긴다. 아이들은 어릴 때 물건을 소유하려는 마음 때문에 갈등이 생기는 경우가 많은데 커가면서 또래관계에서 갈등을 경험하는 경우가 더 많아진다.

문제가 계속되다

고집 피우기

헛간에 타자기를 둔 것이 잘못이라고 자신을 원망하던 브라운 아저씨는 전기담요를 줄 수 없다고 말한다. 아저씨의 대답을 들은 젖소들은 우유를 줄 수 없다는 편지를 써서 헛간 문에 붙인다. 전기담요를 주지 않으면 아무 일도 안 하겠다는 것이다.

브라운 아저씨가 젖소들의 요구사항을 들어주지 않자 갈등은 점점 커져간다. 갈등 해결 전략을 사용하는 능력은 여러 단계를 거쳐 발달한다.

어릴 때는 자기 입장과 다른 사람의 입장을 구분하지 못한다. 그렇기 때문에 갈등이 생기면 충동적으로 친구를 때리거나 그 자리를 피해버리는 등 자기 중심적으로 행동한다. 이런 단계에서 생각이 발전하면 자신의 입장과 다른 사람의 입장이 다르다는 것을 알게 된다. 그러나 양쪽의 입장을 동시에 고려하지 못하기 때문에 대체로 일방적인 행동을 한다.

젖소들과 브라운 아저씨는 서로 다른 입장에 놓여 있다. 젖소들은 우유를 만들어야 하고, 브라운 아저씨는 젖소들을 돌보며 우유를 모아야 한다. 젖소들은 양쪽의 입장이 다른 것을 알지만 두 입장을 동시에 고려하지는 못했다. 그래서 우유를 제공하지 않겠다고 하면 전기담요를 얻을 수 있을 것이라고 생각했다. 이처럼 다른 사람의 입장을 고려하지 않고 고집을 피우고 있는 젖소들은 일방적으로 자기주장만 하고 있다고 볼 수 있다.

다른 사람과 원만한 인간관계를 맺는 것은 이런 갈등상황을 해결하는 능력과 밀접한 관계가 있다. 젖소들이 보여주는 고집 피우기는 아이들의 일상에서 흔히 볼 수 있는 행동으로 갈등을 악화시키고 관계를 더 어렵게 한다.

편지 주고받기

브라운 아저씨가 젖소에게 우유를 얻을 수 없다는 것은 큰 문제이다. 그런데 문제가 이 정도에서 끝난 것이 아니다. 젖소들은 헛간에 살던 암탉들도 매우 추워하니 전기담요를 달라고 요구하고 달걀도 줄 수 없다고 편지를 썼다. 우유와 달걀이 없으면 농장을 꾸려갈 수가 없기 때문에 브라운 아저씨는 더 화가 난다.

젖소들은 점점 더 고집을 피우며 브라운 아저씨를 몰아붙인다. 자신들뿐 아니라 암탉들의 요구사항까지 말한다. 상대의 생각을 알지 못하는 젖소들의 태도는 갈등을 악화시키는 결과를 가져온다. 아이들이 갈등이 생겼을 때 고집을 피우며 자신의 생각만을 주장하거나, 다른 사람이 하라는 것을 계속 거부하며 안 하는 경우와 같다. 이렇게 일방적으로 행동하는 이유는 상대와 상호작용이 이루어지지 않았기 때문이다.

브라운 아저씨는 오리 편으로 젖소와 암탉들에게 경고장을 보낸다. 전기담요를 주는 일은 없을 것이고, 젖소와 암탉들은 마땅히 아저씨에게 우유와 달걀을 주어야 한다는 내용이다.

젖소들은 브라운 아저씨가 원하는 것은 우유와 달걀이라는 것을 알게 된다. 젖소들은 그동안은 브라운 아저씨의 생각을 몰랐기 때문에 일방적으로 자기들의 주장만 들어달라고 내세웠다. 그러나 갈등을 해결하려면 양쪽의 입장을 고려해야 모두 만족하는 방법을 찾을 수 있다는 것을 생각하게 된다.

협력하기

아저씨가 보내온 편지를 받은 젖소들은 비상회의를 연다. 젖소들이 선택한 해결책은 브라운 아저씨에게 타자기를 드릴 테니 전기담요를 달라고 하는 것이다.

갈등을 해결하기 위해서는 가장 합리적이고 현명한 전략을 선택해야 한다. 이런 전략은 양쪽 모두가 만족할 수 있도록 협력하는 것이다. 젖소들은 브라운 아저씨에게 타자기를 주겠다고 제시한다. 젖소들이 브라운 아저씨와 좋은 관계를 유지하려는 의도가 있기 때문이다. 젖소들의 이런 태도는 자신의 권리를 포기하는 좀 더 발전된 협상 태도이다.

갈등이 생겼을 때 아이들이 쉽게 선택하는 전략은 나름대로 이유를 말하고 자신이 원하는 대로 하거나, 자신의 주장을 굽히고 상대의 의견을 들어주는 것이다. 반면에 서로 양보를 하거나 대안을 찾는 전략은 잘 선택하지 않는다. 리더의 능력이 있는 아이들은 갈등을 해결하기 위해 서로 양보를 한다든지 대안을 찾아보는 긍정적 방향의 해결책을 찾는다. 친구 간의 갈등을 조정하고 중재할 수 있는 아이는 또래관계가 원만하고 친사회적이며 리더로서의 역할도 잘한다.

갈등을 해결하는 방법은 저절로 습득되기보다는 갈등에 대해 생각하거나 갈등상황을 경험해 보았을 때 찾기 쉽다. 그림책 속의 여러 이야기를 통해 갈등상황을 간접 경험해 보게 하는 것도 아이들의 갈등 해결 능력을 향상시켜 줄 수 있다. 이런 경험은 대인관계지능을 향상시켜 주고 아이들이 리더가 되는 데 도움을 준다.

문제가 해결되다

브라운 아저씨는 젖소들의 의견에 동의하여 전기담요를 주기로 하고 젖소들도 오리 편에 타자기를 보내기로 한다.

젖소들은 전기담요를 얻고 브라운 아저씨는 다시 우유와 달걀을 얻게 될 것이다. 이렇게 갈등이 해결된 것은 의사소통이 가능했기 때문이다. 갈등이 생겼을 때는 서로의 생각이나 의견에 대해 이야기를 나누는 것이 중요하다. 의사소통이 이루어지면 서로의 요구사항을 알 수 있기 때문에 긍정적 해결방안을 찾기가 쉽다. 갈등이 생겼을 때 모두가 만족할 수 있는 방법으로 문제를 해결하고 상대방과의 관계도 유지하는 능력이 있는 사람이 리더가 될 수 있다.

오리가 타자기를 가져오기를 기다리던 브라운 아저씨는 새로운 편지 하나를 받는다. 중간 입장에서 편지를 전달해 주던 오리의 편지이다. 편지 내용은 연못에 다이빙대를 하나 마련해 달라는 것이다.

브라운 아저씨는 타자기를 받으면 갈등이 해결될 것이라고 생각했다. 그런데 이번에는 다이빙대를 마련해달라는 요구사항이 적혀있는 오리들의 편지를 받는다. 브라운 아저씨와 오리들 사이에 갈등이 생긴 것이다. 이 갈등이 어떻게 해결되었는지는 모르겠지만, 마지막 장면에는 오리들이 연못에서 다이빙을 하며 놀고 있는 그림이 그려져 있다. 브라운 아저씨와 오리들이 어떻게 이 갈등을 해결했을지 생각해 보는 것도 아이들의 갈등 해결 능력을 향상시키는 데 도움이 될 것이다.

활용한 도서: 『탁탁 톡톡 음매 젖소가 편지를 쓴대요』 / 도린 크로닌 지음 / 베시 루윈 그림 / 주니어랜덤

동화 속 갈등해결하기

아이들이 리더로 성장하기 위해서는 어려서부터 다양한 문제를 해결하는 경험을 할 수 있도록 해야 한다. 아이들에게 이런 경험을 제공하기 위해 동화 속 등장인물 간의 갈등관계를 알아 보고 왜 그런 갈등이 생겼는지 생각해 보게 하자. 그러면 아이들은 다른 사람의 욕구나 감정에 대해 이해하게 될 것이다.

동화 속에서 갈등상황을 간접 경험해 보는 것은 아이들이 갈등관계에 놓였을 때 자신의 감정을 조절하고 표현하여 갈등을 해결하는 데 도움을 준다. 이런 경험은 대인관계를 만들어가는 능력을 향상시키고, 대인관계지능을 향상시켜 준다.

최선의 해결책 찾기

문제를 해결하기 위해서는 여러 가지 해결책을 생각해 봐야 한다. 그리고 나서 여러 해결책 중 주어진 상황에 가장 적합한 해결책이 무엇인지 선택해야 한다.

예를 들면, 젖소들과 브라운 아저씨 사이에 갈등은 왜 일어났는지 등장인물들의 행동에 대해 생각해 보고 여러 가지 해결 방법을 찾아 볼 수 있다.

여러 가지 해결 방법 중 아이들이 최선의 것을 찾을 수 있도록 다음 순서에 따라 생각하게 하자.

> 문제가 무엇인지 확인한다.
> 문제를 해결할 수 있는 여러 가지 방법들을 떠올린다.
> 각각의 방법으로 해결할 때 어떤 결과가 나올지 생각해 본다.
> 여러 가지 대안 중 무엇이 최선의 해결책인지 선택한다.

이런 과정을 거치면 젖소들과 브라운 아저씨의 갈등을 해결할 수 있는 최선의 방법을 찾을 수 있다. 이런 문제 해결 과정을 연습해 본 아이들은 갈등이 생길 때 효과적으로 처리할 수 있는 능력을 갖게 된다. 이런 활동은 동화뿐 아니라 일상의 문제에도 활용할 수 있다. 예를 들면, '유치원 버스를 탈 때 현지와 수연이는 서로가 맨 처음에 타고 싶어 한다'는 상황을 만들어 놓고 위의 순서대로 생각하도록 해 본다. 이런 과정을 거쳐 최선의 방법을 찾아 보는 연습을 하게 하면 일상생활에서 겪는 갈등 상황에서도 문제를 잘 해결하는 아이가 될 것이다.

- 『간식을 먹으러 온 호랑이』 / 주디스 커 글 / 보림
- 『고마워 친구야』 / 케더린 케이브 글 / 닉 맬런드 그림 / 작은책방
- 『꼬니는 친구』 / 정대영 글 · 그림 / 보림
- 『너구리와 도둑쥐』 / 오토모 야스오 글 · 그림 / 한림출판사
- 『노란 잠수함을 타고』 / 조미자 글 · 그림 / 시공주니어
- 『누에콩과 콩알 친구들』 / 나카야 미와 글 · 그림 / 웅진주니어
- 『또르의 첫인사』 / 토리고에 마리 글 · 그림 / 베틀북
- 『마들린느의 예절 수업』 / 존 베멀먼즈 마르시아노 글 / 한솔수북
- 『무지개 물고기』 / 마르쿠스 피스터 글 · 그림 / 시공주니어
- 『미안해 친구야』 / 샐리 그린들리 글 / 페니 댄 그림 / 영교
- 『심술쟁이 보시베어』 / 데이빗 호바쓰 글 · 그림 / 키즈아이콘
- 『심술궂은 곰』 / 우도 바이겔트 글 / 크리스티나 안드레스 그림 / 은나팔
- 『심심한 오소리』 / 이상교 글 / 이태수 그림 / 사계절
- 『아니라고 말할 줄 모르는 토끼 이야기』 / 엘레나 골도니 글 · 그림 / 중앙출판사
- 『아모스와 보리스』 / 윌리엄 스타이그 글 · 그림 / 시공주니어
- 『친구가 머 좋아』 / 로르 몽루부 글 · 그림 / 크레용하우스
- 『친구에게 주는 선물』 / 후쿠자와 유마코 글 · 그림 / 한림출판사
- 『카이는 사라를 사라는 팀을 좋아해』 / 에디트 슈라이버 빅케 글 / 카롤라 홀란드 그림 / 문공사
- 『황소 아저씨』 / 권정생 글 / 정승각 그림 / 길벗어린이
- 『행복한 의자나무』 / 량 슈린 글 · 그림 / 북뱅크(비비아이들)

3장

요즘 아이들의 놀이 공간은 매우 제한적이다. 아이들은 아파트 놀이터나 놀이 공원이 아니면 인터넷, 개인용 게임기로 실내에서 논다. 실내에 있는 대형 놀이터는 아이들이 좋아하는 놀이 기구와 인터넷 게임 시설이 갖추어져 있어 인기가 많다. 이러한 놀이 공간에 익숙해진 아이들은 숲 속이나 냇가, 갯벌에 가면 놀 것이 없다고 심심해 한다.

승수는 놀이 기구와 시설이 잘 갖추어진 놀이 공원보다는 자연 환경에서 노는 것을 더 좋아한다. 가족과 함께 산에 오르면서 나무 줄기와 가지가 뻗은 모습을 보고 그 모양이 어떤 동물을 닮았는지 맞추길 좋아하고, 냇가에서는 돌멩이를 채집하여 질감과 무늬가 같은 것끼리 모으거나 모래로 성 쌓기를 즐기며, 갯벌에서는 다양한 서식 환경을 관찰하며 서로 다른 서식처에 사는 생물 찾기 놀이를 즐겨 한다. 또한 동·식물 기르기를 좋아해서 곤충, 햄스터를 돌보고 화초를 기른다. 승수처럼 자연 속에 있기를 즐기고, 동·식물을 잘 관찰하며 돌보기를 좋아하고, 생물과 상호작용하기를 즐기는 아이는 자연지능이 높다고 볼 수 있다.

자연지능은 자연 환경 속에 있을 때 편안함을 느끼고, 주위의 사물이나 생물을 인식하며 구별할 수 있는 능력이다. 이 지능을 강점으로 가진 사람은 낯선 자연을 접할 때 자신이 이미 알고 있던 것과 비교하여 같은 점, 다른 점을 알아내고, 공통점이 있는 것끼리 범주화해서 새로운 생물이나 사물의 종류를 구분한다. 등껍질이 단단한 곤충은 딱정벌레 종류라는 것을 아는 아이는 처음 보는 곤충을 등껍질이 있는지 없는지를 보고 딱정벌레 종류인지 아닌지 구분한다.

자연지능

글_ 박정아

이렇듯 생물을 특징에 따라 분류하고 어느 종(種)에 속하는지 아는 것은 자연지능의 한 영역이다. 자연지능이 발달한 아이는 자연 세계에서 서로 다른 종을 잘 구분할 뿐 아니라 일상생활에도 이러한 능력을 적용한다. 자동차의 헤드라이트만 보고도 차의 종류를 구분하거나 공룡의 종류를 잘 구별하는 아이는 자연지능이 뛰어나다고 볼 수 있다.

많은 아이들이 강아지나 곤충, 새, 햄스터 등의 애완동물을 기르고 싶어 한다. 동·식물을 친근하게 느끼고 가까이 두고 싶어 하는 이유는 아이들이 어른들보다 자연에 대해 흥미를 더 많이 느끼고 쉽게 동화되는 경향이 있기 때문이다. 어릴 때 자연 속에서 많이 놀고, 동물이나 식물을 돌본 경험이 있는 아이는 그렇지 못한 아이보다 자연지능이 더 많이 발달할 것이다. 자연을 접하면서 그것에 대한 다양한 정보가 뇌에 저장되고 삶 속에 인식되면, 자연물에 대해 애정을 갖고 지속적인 관심을 가짐으로써 자연지능을 발달시킬 수 있기 때문이다.

린네, 다윈, 레이첼 카슨, 윤무부, 김순권과 같은 생물학자들의 자서전을 보면 어린 시절의 대부분을 자연 속에서 보냈다는 재미있는 공통점을 발견할 수 있다. 이들은 식물이나 동물에 대해 많은 관심을 갖고, 생물을 종에 따라 구별하고 분류하기를 즐겼다. 또한 생물과 무생물의 상호작용에 대해서도 관심이 많았고, 자연 속에서 자연물들과 상호작용하고자 하는 강한 욕구가 있었다.

자연지능이란 자연에 대해 관심과 애정을 갖고, 자연 현상을 관찰하며 이해하고, 자연을 탐구하는 능력이다.

그림책에서 찾은 **자연지능**

1 자연 체험하기

아이들은 자연을 체험하면서 자연을 재발견한다. 자연에서 다양한 사물이나 현상을 직접 경험하거나 조작하며 자연 속에서 일어나는 일들과 마주하고, 자신이라는 존재가 자연의 일부임을 깨닫는다. 이러한 체험은 아이의 자연지능을 자극해 자연과 더불어 사는 방법을 익히고 실천하는 삶을 살도록 한다.

자연 경험과 자연 체험은 그 의미가 조금 다르다. 자연 경험은 매체(책, TV, 인터넷, 사람들의 이야기)를 통해 자연과 접하는 것을 말하고, 자연 체험은 자연 속에서 직접 자연을 경험하는 것을 말한다. 도시 아이들은 다양한 교육 자료로 자연 경험의 기회가 많지만, 자연 체험의 기회는 그리 많지 않다.

자연지능은 자연과 실제로 상호작용할 때 발현되고 발달된다. 그러므로 아이들에게 자연을 체험할 수 있는 기회를 제공해야 한다.

쉬쑤샤가 지은 『엄마와 함께 한 산책』은 어린 시절을 자연 속에서 보낸 작가의 체험이 고스란히 담겨 있는 그림책이다. 주인공 수지의 자연 체험을 통해 자연지능 요소를 찾을 수 있다. 자연 속에서 직접 경험한 것은 나중에 성인이 되어서도 잊혀지지 않는 생생한 감동과 느낌으로 남아 창조성을 발휘한다.

자연 속에서 놀고 싶어요

수지네는 도시에 있는 아파트에 살다가 나무로 둘러싸인 빨간 지붕 집으로 이사 온다. 좁은 공간에서 지내다 탁 트인 자연 속에서 살게 된 수지네 가족은 모두 신이 났다. 그런데 신이 난 이유는 서로 조금씩 다르다.

수지네는 도시에서 시골로 이사를 온다. 이사 온 첫 날, 수지와 오빠는 자연 속에서 뛰어놀 수 있겠다며 좋아한다. 이에 비해 아빠는 소음이 많은 도시에 비해 조용해서 좋다 하고, 엄마는 창밖의 풍경이 온통 초록빛이라며 즐거워한다. 아이들은 이사 오자마자 자연 속에서 온몸으로 자유를 느끼는데 비해, 아빠는 자연과는 무관한 반응을, 엄마는 자연에 대해 시각적인 반응만을 보인다. 아이들이 어른보다 자연에 더 흥미를 느끼고 쉽게 동화된다는 것을 알 수 있는 부분이다.

처음에 수지네는 자주 산책을 나간다. 하지만 차츰 다 함께 산책하는 것이 줄어든다. 엄마가 바빠지면서 그럴 수 없게 되었다. 수지는 집에서 동물 인형을 가지고 소꿉놀이를 하면서도 틈틈이 창가로 달려가 밖을 내다 본다. 요즘 아이들이 인공 놀이감에 익숙한 데 비해 수지는 장난감보다는 자연에 더 많은 관심을 보인다.

비가 오는 날 수지는 창밖을 보면서 다람쥐와 새들이 비를 맞지 않을까 걱정한다. 이와 같이 다른 생물에게 관심을 갖고 걱정하는 마음은 자연지능을 강점으로 갖고 있는 아이들의 특징이다.

수지는 일에 열중하는 엄마에게 나가서 놀자고 하지만 엄마는 일에서 눈을 떼지 못한다. 수지는 엄마를 설득하기 위해 그림을 그린다. 꽃과 동물과 해와 구름을 도화지 가득 그려서 엄마에게 가져가지만, 엄마는 하던 일을 끝내고 본다며 그림은 보지도 않고 일에만 열중한다.

수지가 그린 그림을 보면 사람이 한 명 등장한다. 그리고 나머지 공간은 동·식물로 가득 채워져 있다. 자연지능이 높은 아이들은 그림을 그릴 때 수지처럼 동물과 식물을 많이 등장시킨다. 동·식물을 친근하게 느끼기 때문이다. 또한 수지가 그린 그림에는 대부분의 동물들이 사람을 향하고 있고, 일부 동물들은 사람을 안내하는 듯 어디론가 앞장서서 가고 있다. 사람은 들에 일하러 가는 듯 장화를 신고 있고, 손에 열쇠와 물통을 들고 있다.

수지와 같이 자연지능이 높은 아이들은 동·식물을 친근하게 생각하고 자연에 관심이 많으며 자연 속에 있고 싶어 하는 특징을 보인다. 자연 속에서 놀고 싶은 수지는 그림으로 자신의 마음을 엄마에게 전달한 것이다. 그러나 엄마는 일을 하느라 수지의 마음을 읽지 못한다. 엄마에게 실망하여 시무룩해진 수지는 소꿉놀이를 하면서 인형들에게 자기가 마치 엄마인 듯 엄마가 일 다할 때까지 기다리라며 토라져서 말한다.

수지가 노는 것을 본 엄마는 잠시 하던 일을 멈추고 생각에 잠긴다. 그리고 수지의 그림을 얼른 찾아 보고는 엄마가 알아주기 바랐던 수지의 마음을 알게 된다. 엄마는 하던 일을 접고 수지에게 산책하러 가자고 제안한다. 수지는 신이 나서 나갈 준비를 한다.

자연 놀이터에서 놀아요

들판으로 나온 수지와 엄마가 도시락을 먹고 들쥐, 개미, 토끼들도 수지네가 싸온 음식을 나누어 먹고 있다. 수지는 풀언덕에 올라가 데굴데굴 구르기도 하고, 엄마와 함께 풀을 모아 오두막도 만든다. 수지는 들판에서 소에게 먹이도 주고, 그 풍경을 그림으로 그린다.

수지는 점심을 먹으면서 자신이 먹던 음식을 옆에 있는 동물에게 나누어 준다. 그리고 수지네가 싸온 음식을 개미, 들쥐, 토끼 등 들판에 사는 동물들이 나누어 먹는다. 수지는 동물들을 먹이고 돌보기를 좋아한다. 생물과 상호작용하기를 좋아하고 돌보기를 좋아하는 것은 자연지능을 강점으로 가졌던 많은 생물학자들의 공통점이다.

수지는 자연 속에서 노는 방법을 잘 알고 있다. 풀언덕에서 데굴데굴 구르기, 마른 풀을 모아서 오두막 만들기 등은 아이들이 실생활에서 얼마든지 할 수 있는 놀이이다. 집에서 장난감을 가지고 놀

때는 시무룩하던 수지가 들판에서 자연과 더불어 놀면서 매우 즐거워한다. 자연지능은 자연 속에서 편안함을 느끼며 자연 환경에서 창의적인 활동을 하게 하는 능력이다. 자연 놀이터는 이미 만들어진 공간이 아니라 아이가 상상한대로 만들어가는 공간이다. 풀밭이 바다가 될 수도 있고, 우주가 될 수도 있으며, 난쟁이 나라가 될 수도 있다. 아이는 자신이 원하는 세상을 만들어 그곳에서 즐겁게 논다.

수지처럼 자연 놀이터에서 놀기를 좋아하는 아이는 자연과 상호작용하면서 자연 생태계에 대한 이해를 넓혀간다. 그리고 자연물 간의 상호 의존적인 관계를 인식하며, 자연 친화적인 태도를 형성한다. 이러한 과정은 아이의 자연지능을 더욱 자극하여 고취한다.

수지가 소에게 풀을 주는 장면에서는 자연의 일부가 된 수지의 모습을 볼 수 있다.

자연지능이 뛰어난 아이들은 수지처럼 자연 속에서 자연과 함께 하는 것을 편안하게 여기며 자연에 동화되어 자신을 자연의 일부로 느낀다. 수지처럼 아동기에 경험한 자연과의 교감은 성인이 되었을 때 창조성의 뿌리가 될 수 있다고 학자들은 말한다.

환경과 사람에 대한 포용력을 키워요

수지가 오후 내내 엄마와 함께 자연 속에서 지내는 동안 어느덧 해가 지면서 하늘에 노을이 진다. 수지는 엄마와 함께 노을을 바라보며, 오늘 일을 하나도 안 해서 어떡하느냐고 묻는다. 밖에서 시간을 보내느라 일을 못한 엄마를 걱정하는 마음을 알 수 있다.

자연과의 깊은 교감은 사람들의 마음을 부드럽고 솔직하게 한다. 자연 속에서 사람은 자연의 한없는 혜택을 받는 존재요, 자연과 협력하며 더불어 살아가는 존재라는 것을 느낄 수 있다. 자연 놀이터에서 동물들과 음식을 나누어 먹고, 풀밭에서 온몸으로 구르고, 풀로 오두막을 지으며 수지는 마음이 부드러워졌다. 집에 갈 시간이 되자 수지는 엄마를 걱정한다. 엄마가 종일 자기와 함께 밖에서 지내느라 일을 못한 것이 마음에 걸렸기 때문이다.

집에서는 '하던 일 끝내고 나서'라고 조건을 달며 일에 열중하는 엄마를 보고 실망해서 "또 그 소리, 엄마는 항상 그렇게 말해."라며 엄마를 원망하던 수지가 자연 속에서 하루를 보내고는 엄마를 이해하고 엄마 입장에서 생각하게 된 것이다. 자연지능을 강점으로 가진 아이의 자연 체험은 이처럼 주위에 있는 사람을 포함한 환경에 대해 포용력과 이해심을 갖도록 한다.

집으로 돌아온 수지는 바빠진 엄마를 보면서도 행복해 한다. 산책을 가기 전 수지의 표정과 산책을 다녀온 후 수지의 표정은 무척 다르다. 수지는 산책을 다녀온 느낌을 가슴에 따스한 햇살이 넘치는 것 같다고 표현하고 있다.

자연과 교감하여 자연지능을 발달시킬 수 있도록 아이에게 직접적인 자연 체험 기회를 제공하는 것은 아이의 성장과 발달에 중요하다.

　『엄마와 함께 한 산책』은 매우 재미있게 이야기가 마무리된다. 강아지, 아기 고양이, 아기 곰 인형이 각자의 엄마들에게 내일 또 놀자고 이구동성으로 말한다. 이때 어미 개와 어미 고양이, 엄마 곰 인형은 엄마가 일을 다 끝낼 때까지 기다리라고 대답한다. 이 모습을 본 수지는 깜짝 놀란다. 소꿉놀이를 할 때 엄마에게 실망한 수지가 동물들에게 했던 말을 어미들이 아기 동물들에게 하고 있기 때문이다. 이 장면에서 수지는 동물들이 자신처럼 자연으로 나가 놀고 싶을 것이라고 생각했다는 것을 알 수 있다. 동물이나 식물에게 감정을 이입하여 자신이 느끼는 것과 원하는 것을 똑같이 느끼고 원할 것이라고 생각하는 것 또한 자연지능이 높은 아이들에게 나타나는 특징이다.

　아이가 강한 비바람에 부러진 나뭇가지를 보고 "저 나무는 얼마나 아팠을까!"라고 한다거나, 강아지가 낑낑거리면 "엄마, 저 강아지가 배고픈가 봐요."라고 하는 것이 바로 동·식물에게 감정을 이입하는 것이다. 이때 "그래, 정말 그렇겠구나."라고 공감해 준다면 아이의 자연지능을 자극하여 발달시킬 수 있다.

　자연 체험 활동은 아이로 하여금 자연과 교감할 수 있는 기회를 준다. 자연과 교감한다는 것은 자연물의 시각으로 세상을 바라보고 생각하며 행동하는 것을 말한다. 자연과의 교감은 자연에 대한 깊은 이해와 사랑을 느끼게 하고, 생명에 대한 존중감을 형성하게 하므로 자연 친화적인 태도를 향상시킨다.

프뢰벨은 유치원을 'Kindergarden' 이라고 하였다. 이 단어로 보건대, 그가 정원(garden)을 중요하게 생각했음을 알 수 있다. 프뢰벨은 아이들의 자발적인 관심과 무한한 호기심을 억제하거나 유도하지 말아야 한다고 했으며, 아이들이 일상생활 속에서 자연과 접하고 노는 과정을 통해 자연과 더불어 사는 인간으로 자라기를 추구했다. 자연이 아이들의 삶에 그 무엇보다도 긍정적인 영향을 준다는 것을 알았던 것이다.

아이들로 하여금 풀냄새와 흙냄새, 바람에 흔들리는 나무의 소리, 발바닥으로 느껴지는 흙의 감촉, 발가락 사이로 느껴지는 풀의 감촉을 체험하도록 해야 한다. 직접적인 자연 체험은 아이의 자연 지능을 고취하고 발현하여 자신과 자신을 둘러싼 주변 세계를 이해하는 방식을 알려 줄 것이다.

활용한 도서 : 『엄마와 함께 한 산책』 / 쉬쑤샤 글·그림 / 베틀북

산책은 자연 친화력을 키우는 매우 좋은 활동이다. 꽃밭 가꾸기는 자연 체험을 쉽게 할 수 있는 방법인데, 꽃밭이라고 해서 반드시 땅이 필요한 것은 아니다. 조금 넓은 화분을 이용하면 아파트 베란다에서도 얼마든지 꽃밭을 가꿀 수 있다.

아이와 동네를 산책하면서 아이에게 익숙한 장소에서 자연물을 찾아 보자. 나만의 나무를 하나 정해서 사계절 동안 관찰해보는 것도 좋다. 매일 아침 등교할 때마다 그 나무를 보고 어떻게 변해 가는지 아이가 관찰하는 것이다. 예를 들어, 교문 앞에 있는 무궁화를 '내 나무'라고 정하고 일 년 동안 관찰하게 해 보자. 언제 잎이 돋는지, 언제 꽃이 피는지, 꽃은 어떻게 떨어지는지, 그리고 가을에는 잎사귀가 어떤 색으로 변하는지, 잎은 언제 떨어지는지, 무궁화 씨앗은 어떻게 생겼는지, 겨울눈은 어디에 달렸는지를 관찰하도록 한다. 이러한 활동은 무궁화라는 식물에 대한 관심을 높이는 동시에 아끼고 보호하는 마음을 갖게 해 줄 것이다.

계절별 자연 체험 활동을 예로 들면 다음과 같다.
봄에는 겨울 동안 잠잠했던 개미들이 여기저기에서 집 짓는 모습을 쉽게 관찰할 수 있다. 개미집 관찰은 운동장이나 화단 심지어는 보도 블럭 사이에서도 할 수 있다.

풀밭에 가면 토끼풀로 꽃시계나 화관을 만들 수 있다. 아이와 네잎 클로버를 같이 찾아 보자. 이 활동은 잎 모양을 자세히 관찰할 수 있는 기회가 된다. 솜뭉치 같은 민들레 홀씨를 입김으로 불어 날려 보게 하는 것도 색다른 재미를 제공할 것이다. 아이들에게 새로 돋아난 풀 위를 맨발로 걸어 보게 하자. 맨발에 느껴지는 감촉은 느껴 본 사람만이 알 수 있는 부드러움이다. 그리고 나무에 새로 나온 잎을 찾아 만져 보게 함으로써 여름이 되면 바늘처럼 단단하고 뾰족한 잎도 이른 봄에는 보드라운 잎이라는 것을 느끼게 할 수 있다.

여름에는 봉숭아 꽃잎을 따서 아이와 함께 손톱을 물들이자. 애기똥풀이라는 식물로 손톱을 노랗게 칠할 수도 있다. 강이나 저수지에 갈 기회가 있으면 물수제비 많이 뜨기 내기를 하면서 즐거운 시간을 보내도 좋다. 이 활동은 아이로 하여금 움직이는 물체에 관심을 갖는 기회를 제공할 것이다. 매미의 허물도 모아 보자.

바다에 나갈 기회가 있으면 갯벌에서 다양한 생물들을 찾아 보자. 물에 잠긴 바위, 물 밖에 마른 바위, 갯고랑, 바위 웅덩이 등의 장소에 무슨 생물들이 사는지, 장소에 따라 사는 생물들이 왜 다른지 이야기하자. 아이와 함께 해변에서 조개를 주워 목걸이를 만드는 것도 재미있다. 목걸이를 만들기 좋게 구멍이 뚫린 조개는 해변에서 쉽게 구할 수 있다. 이때 그 구멍은 누가 뚫었는지 추측하게 해 보자. 그러면 생물들의 먹이사슬 관계를 자연스럽게 이야기할 수 있는 기회가 된다.

공원에서 나무가 우거진 곳과 모래 놀이터의 기온을 아이가 비교하도록 해 보자. 온도계가 없어도 온몸의 촉감으로 기온이 다르다는 것을 느낄 수 있다. 이러한 온도 차이가 왜 나는지 의문을 던져 주자. 그 원인이 기온을 조절하는 나무의 역할 때문인 것을 알게 되면 아이가 나무의 소중함을 느낄 수 있을 것이다.

비 오는 날 빗방울이 창문에 부딪히는 모습을 관찰하게 하는 것도 재미있다. 새들이 아침, 점심, 저녁 중 언제 가장 많이 노래하는지 알아 보게 하자. 대개의 경우 새들은 아침에 가장 많이 지저귄다. 왜 그런지에 대해서도 이야기를 나누어 볼 수 있다.

가을에는 아이와 함께 산에서 도토리를 주워 다양한 모양과 크기로 구분해 보자. 우리가 흔히 참나무라 부르는 나무들의 열매인 도토리를 모양과 크기별로 구분해 보면 그 다양함에 놀라게 될 것이다. 그리고 다람쥐와 청설모를 찾아 모습을 비교해 보자. 처음에는 비슷해 보이지만 매우 다르게 생겼다는 것을 알 수 있다. 아이와 함께 가을밤에 들을 수 있는 다양한 곤충 소리를 흉내 내 보자. 서로 다른 곤충 소리를 내어 목소리로 합주를 하는 것도 재미있다. 소나무 숲에서 송진을 찾아 냄새를 맡으며 만져 보고, 낙엽으로 방석을 만들어 앉아 보자. 가을 숲 속이나 공원에서 다양한 색깔 찾기 놀이도 재미있다. 가장 많은 색을 찾는 사람이 이기는 것이다. 가을 하늘은 변화무상하다. 여러 가지 구름 모양을 보고 무엇을 닮았는지 아이와 이야기해 보자.

겨울에는 아이와 겨울눈을 관찰해 보자. 겨울눈이 잎눈인지, 꽃눈인지 알아보고, 돋보기로 관찰하여 도화지에 그려 보자. 낙엽이 쌓여 있는 곳에 가서 낙엽을 뒤집어 보자. 그러면 생명이 없을 것 같은 바싹 마른 낙엽이 많은 생명체의 보금자리라는 것을 알게 될 것이다. 겨울이 되어서도 잎이 마르지 않고 그대로 있는 풀을 찾아 보자. 아이는 혹한을 견디는 식물을 보고 경이로움을 느낄 수 있을 것이다. 눈이 쌓인 겨울 숲에 가면 의외로 다양한 동물 발자국을 찾을 수 있다. 의외로 산에 사는 동물들이 많다는 것을 알 수 있다. 또한 아이에게 겨울나무의 기둥 껍질을 그려 보게 하면 나무마다 껍질이 다르게 생긴 것을 알 수 있게 될 것이다. 눈을 밟을 때 나는 소리를 들어 보자. 기온에 따라, 장소에 따라, 햇빛의 양에 따라 소리가 다르다는 것을 느낀다면 자연지능이 높은 아이이다.

자연을 '아는 것'은 자연을 '느끼는 것'의 절반만큼도 중요하지 않다고 레이첼 카슨이 말했듯이 자연 체험을 통해 새로운 지식을 얻기보다는 자연 자체를 느끼는 여러 가지 감정과 인상이 더욱 중요하다. 아이와 함께 자연 체험을 하는 어른은 자신이 알고 있는 것을 알리려 하기보다는 아이와 함께 생명에 대한 아름다움, 새로운 것에 대한 흥분을 함께하는 것에 중점을 두어야 한다.

2 자연과 친해지기

비비언 프렌치가 쓴 그림책 『쭈글쭈글 애벌레』에서는 자연 관찰을 좋아하고, 나비의 한살이를 보며 생명에 대해 경이로움을 느끼는 주인공이 등장한다. 동물이나 식물에 대해 관심을 갖고 그들이 맺고 있는 관계에 대해 탐구하며 끊임없이 생명체와 관계 맺기를 즐겨하는 것은 자연지능을 강점으로 갖고 있는 아이들에게서 볼 수 있는 모습이다.

자연물에서 공통점과 차이점을 발견해요

수인공의 아빠와 할아버지는 정원 가꾸기를 무척 좋아한다. 그런데 이 두 사람은 쐐기풀을 대하는 행동이 매우 다르다. 할아버지는 쐐기풀이 자라도록 그대로 내버려 두지만, 아빠는 쐐기풀이 보이는 대로 뽑아버린다.

주인공은 어른들이 쐐기풀을 대하는 태도가 서로 다르다는 것을 발견한다. 아빠와 할아버지는 정원 가꾸기를 좋아한다는 공통점이 있지만, 쐐기풀에 대해서는 두 사람의 행동이 서로 다르다. 쐐기풀의 어떤 점 때문에 다른 행동을 할까? 주인공은 여기에 관심을 가진다. 자연 속에서 공통점과 차이점을 발견하는 능력은 자연지능이 높은 아이들이 보이는 특징이다. '같은 점은 무엇이고 차이점은 무엇인가? 왜 다른 점을 갖고 있는가?' 등에 착안해 이를 탐구하고 의문을 이어가며 자연 세계로 빠져드는 것은 자연지능을 강점으로 가진 사람들에게서 볼 수 있는 공통점이다. 린네, 찰스 다윈, 파브르, 레이첼 카슨, 윤무부, 김순권 등과 같은 생물 학자와 환경 학자의 위대한 연구는 바로 이러한 자연지능 요소에서 시작되었다.

주인공은 할아버지에게 이유를 듣고 쐐기풀이 정원에 왜 필요한지 알게 된다. 그리고 쐐기풀과 애벌레의 관계뿐 아니라 알에서 시작하여 나비가 되는 나비의 한살이를 관찰하고, 나비에 대해 애정을 갖고 생명에 대해 경이로움을 느끼게 된다.

자연물 속에서 공통점과 차이점을 발견하는 것은 자연에 경이로움을 느끼는 첫 번째 단계라고 할 수 있다. 이 단계에서는 서로 같은 점이나 다른 점을 탐구해가면서 자연물에 대해 알아간다. 관찰과 탐구를 거듭하는 과정을 통해 지식과 경험이 쌓이고, 자연에 대해 이해하면 할수록 애정을 느끼고 자연 세계에서 발견한 규칙과 생물들의 상호의존관계를 보고 경이로움을 느끼게 된다.

자연물에 대해 애정을 가져요

할아버지는 손녀에게 애벌레의 습성과 나비의 한살이에 대해 알려 주면서 손녀를 자연의 세계로 초대한다. 할아버지는 친생물 경향성이 높은 사람이다. 친생물 경향성은 E. O. 윌슨이 제안한 개념이다. 이것은 자연 세계에 지속적인 애정을 갖고 편안함을 느끼는 것이다. 또한 자연을 이해하고 자신을 자연의 일부로 생각해 다양한 생물체를 돌보고, 기르며, 생물들과 민감하게 상호작용하는 성향을 말한다. 이 재능은 패턴 구별 능력으로 발현되는데 생명체의 생태 습성을 감지하는 능력과도 관련이 있다.

"할아버지는 왜 쐐기풀을 뽑지 않아요?"라고 묻는 손녀의 질문에 할아버지는 "쐐기풀은 나비를 자라게 한단다. 함께 가서 보자꾸나."라고 대답한다. 간단명료하지만 선뜻 이해가 되지 않는 대답이다. 쐐기풀이 나비를 자라게 한다는 말에 더 큰 의문을 가질 때 할아버지는 손녀를 쐐기풀이 있는 정원으로 데리고 간다. 즉 자연 세계로 초대하는 것이다. 할아버지는 공작나비의 애벌레는 쐐기풀만 먹는다는 것을 알고 있었다. 공작나비의 섭생을 고려해 서식처에 쐐기풀을 놓아둔 할아버지에게서 친생물 경향성을 발견할 수 있다.

비오는 날에는 도로 위에서 지렁이들을 많이 볼 수 있다. 땅속으로 물이 스며들자 호흡이 곤란해진 지렁이가 아스팔트 위로 기어나오기 때문이다. 이것을 본 많은 아이들은 징그럽다면서 피해가거나 어떤 아이들은 아무렇지도 않게 자전거로 밟고 지나간다. 그러나 자연지능이 발달한 아이는 주위의 나뭇가지를 이용해 지렁이를 아스팔트에서 흙으로 옮겨 준다. 사람들에게 푸대접 받는 지렁이를 불쌍하게 생각하고, 지렁이는 아스팔트 위에서는 살 수 없다는 것을 알기 때문이다. 바로 이런 태도가 자연지능을 강점지능으로 가진 아이의 친생물 경향성이다.

자연을 느껴요

정원으로 간 할아버지는 손녀에게 제일 먼저 쐐기풀의 뒷면을 관찰하도록 한다. 거기에서 혹같이 생긴 작은 것을 가리키면서 나비의 알이라고 알려 준다. 그리고는 "알을 잘 관찰하면 애벌레가 언제 알에서 나오는지를 알 수 있을 게다."라고 하며 지속적으로 알을 관찰하라고 권한다. 할아버지는 자신이 느꼈던 자연의 경이로움에 대해 말로 설명하지 않고 손녀가 직접 보고 느끼기를 권한다.

레이첼 카슨의 마지막 저서에 보면 카슨이 네 살짜리 조카를 데리고 밤바다에 나가 자연을 느끼도록 하면서 이렇게 말하고 있다 (『자연, 그 경이로움에 대하여』, 에코리브르).

"비바람이 치는 날이건 고요한 날이건, 밤이건 낮이건, 자연 속에서 함께 한다는 것 자체가 더 없이 좋았다. 중요한 것은, 로저와 함께 하는 동안 나는 그 아이에게 아무 것도 가르치지 않았다는 사실이다. 우리는 그저 함께 즐거워하고, 흥분하고, 웃었을 뿐이다."

자연의 경이로움을 가르치는 방법은 함께 즐거워하고 흥분하고 웃는 일이라고 카슨은 얘기하고 있다. 카슨과 같은 방법으로 할아버지는 손녀를 대하고 있다. 이후에도 할아버지는 손녀의 질문에 "잘 관찰하면 알 수 있을 게다."라고 하며 손녀에게 지속적으로 지켜볼 것을 권한다. 만약 손녀의 질문에 즉각적으로 정답을 말해 주었다면 손녀는 의문이 해소되어 지속적으로 관심을 갖지 않았을 것이다.

봄이나 여름에 아파트 화단이나 학교 화단에서 풀잎을 뒤집어 보면 곤충의 알을 쉽게 발견할 수 있다. 그 중 하나를 정해서 알의 변화를 관찰해 보면 주인공이 느꼈던 자연의 경이로움에 동참할 수 있을 것이다. 먼저 풀잎 뒷면에 붙어 있는 알을 관찰하도록 해 보자. 이때 확대경을 사용하면 더욱 좋다. 그리고 자를 이용해 크기를 재어 보게 한다. 또 알의 분포도도 관찰하게 한다. 알들이 한두 개씩 낱개로 떨어져 있는지, 아니면 한 곳에 많이 모여 있는지를 관찰해 보는 것이다.

관찰은 자연지능의 가장 기본적인 요소로 이를 통해 의문을 해결할 수 있을 뿐 아니라 기대하지 않았던 것을 알게 되고 의문이 확장되기도 한다. 이 과정이 반복되면서 자연에 대한 지식과 애정이 쌓여간다.

처음 이틀 동안은 아무런 변화가 없었다. 알을 지켜보던 주인공은 둘째 날 비가 많이 내리자 알들이 걱정되어 우산을 쓰고 정원에 나가 알들을 본다. 비가 내리는데도 알들이 무사한 것을 보고 주인공은 안심한다.

주인공은 알에서 애벌레가 나오기를 기다리고 있다. 그러나 아직 애벌레가 나오지 않았는데 비가 많이 내리자 알이 무사한지 걱정한다. 우산을 쓰고 정원에 나가 알들에게 아무 일이 없다는 것을 확인하고 안심한다. 주인공은 생물체에 대해 애정을 갖고 지속적인 관심을 갖는다. 이것은 자연지능이 높은 아이들의 특징이다.

오감으로 자연물을 관찰해요

드디어 주인공은 알에서 나온 애벌레를 본다. 주인공은 애벌레가 알 밖으로 나오자마자 자신이 깨고 나온 알껍데기를 먹는 것을 본다. 그리고 애벌레들이 한 곳에 엄청나게 많이 모여 있는 것을 본다. 그리고 애벌레들이 입에서 흰 실을 뽑아 식물의 줄기와 잎 사이에 그물 같은 집을 만드는 광경을 관찰한다. 주인공은 애벌레들이 만든 그물집이 천막처럼 생겼다고 표현한다. 계속 관찰하던 주인공은 애벌레들이 주변에 있는 잎들을 모두 먹고 나면 다른 곳으로 옮겨가서 다시 그물 같은 집을 만든다는 것을 알게 된다.

셋째 날 주인공은 드디어 알에서 나온 애벌레를 본다. 이때 눈으로만 관찰하지 않고 손가락의 촉감으로 관찰을 한다. 애벌레가 나와서 비어 있는 알을 손톱으로 눌러 보는 것이다. 관찰할 때는 다양한 감각을 이용하는 것이 매우 중요하다. 오감을 이용한 관찰은 자연에 대한 선험적 지식을 갖게 하고, 의문을 해결할 수 있는 가능성을 높이기 때문이다.

애벌레를 관찰하던 주인공은 애벌레의 다양한 습성을 발견한다. 이전에는 애벌레가 기어 다니는지, 걸어 다니는지 몰랐던 주인공이 직접적이고 다양한 관찰을 통해 애벌레가 기어 다닌다는 것뿐 아니라 애벌레의 생태 습성도 알게 된다. 관찰은 그저 눈으로 보는 활동이 아니다. 눈으로 보는 것을 관찰이라고 한다면 지능과 무관할 것이다. 자연지능이 발달한 사람은 시간의 흐름이나 장소의 변화에 따라 관찰하거나, 모양의 변화에 초점을 맞추어 관찰한다. 관찰할 때 기준을 갖는 것은 관찰을 탐구로 이어지게 하는 중요한 요소가 된다. 『쭈글쭈글 애벌레』 속의 주인공은 애벌레의 이동을 기준으로 관찰한다. 즉 이동 장소에 따른 애벌레의 습성과 모양 변화를 관찰하면서 애벌레가 고치가 되는 것을 지켜 본다. 이렇게 자연지능이 발휘되면 자연에 대한 지식이 쌓여 간다. 굳이 가르치지 않아도 말이다.

알고 있는 것과 새로운 것을 관련지어요

주인공은 할아버지에게 자신이 전에 보았던 배추밭의 애벌레처럼 이 애벌레들도 배춧잎을 먹는지 물어 본다. 애벌레의 행동 습성을 관찰하던 주인공은 애벌레의 먹이 습성에 대해서도 의문이 생긴 것이다.

주인공은 쐐기풀을 먹는 애벌레가 다른 풀도 먹는지 의문을 갖는다. 예전에 보았던 배추흰나비의 애벌레처럼 공작나비의 애벌레가 배춧잎도 먹는지 궁금했던 것이다. 생물체에 대한 선험적 지식을 새로운 상황 속에 적용하여 새로운 생물체를 탐구해가는 것은 자연지능이 높은 사람의 특징이다. 자연지능이 발달한 사람은 관찰하고, 성찰하고, 연계하고, 분류하여 통합하는 과정을 통해 계속 탐구하고 새로운 것을 발견한다.

주인공은 애벌레들이 새들에게 잡아먹힐까 봐 걱정이 된다. 그래서 애벌레를 위해 자신이 할 수 있는 일이 없는지 궁금해진다.

애벌레에게 애정을 느끼는 주인공은 새가 애벌레를 잡아먹는다는 것을 떠올리고 걱정한다. 그러자 할아버지는 손녀에게 애벌레가 새에게 자신은 독을 갖고 있다고 경고하거나, 조용히 도망가거나, 지독한 냄새로 적을 물리치는 등의 자기 보호 능력이 있다고 알려 준다. 할아버지는 애벌레가 조용히 도망가는 것을 실험으로 보여 준다. 실험은 의문을 해결하는 좋은 방법이다.

봄이 되면 길가에 냉이와 쑥, 나도냉이, 꽃다지 등 봄나물이 많이 돋아난다. 아이가 냉이가 어떤 것이냐고 물으면, "바로 저게 냉이야."라고 하지 말고, 냉이를 뽑아 냄새를 맡게 해 주면서 "냉이 냄새가 어떠니? 바로 이 냄새 나는 풀이 냉이야."라고 하면서 냉이를 찾아 보라고 하자. 간단한 실험이지만, 아이는 냉이에 대해 오감으로 느껴서 알게 된 만큼 관심을 갖게 되고, 냉이 꽃, 냉이 열매, 겨울철 냉이 등에 대해서도 관심을 가질 것이다. 바로 이러한 실험 정신이 아이의 호기심을 탐구심으로 이어지게 하여 자연지능을 높여 준다.

애벌레의 성장을 관찰하는 주인공은 날짜를 기록하는 것을 잊지 않는다. 애벌레에게 얼마 만에 변화가 있는지 알기 위한 정확한 데이터 수집을 위해서이다. 수집하기는 자연지능이 높은 사람이 하는 행동이다. 정보 수집을 통해 일관성과 규칙성을 발견할 수 있고 이로써 자연물에 대한 경험과 지식을 쌓아갈 수 있다. 주인공은 애벌레의 변신 과정을 보면서 더욱 애벌레에게 애정을 느낀다. 그러던 어느 날 애벌레 수가 줄어들더니 한 마리도 보이지 않자 주인공은 그만 울 뻔한다. 그러나 애벌레가 사라진 것은 고치를 만들기 위해서라는 것을 알고 안심한다. 관찰을 하면 대상에 대해 많은 것을 알게 되고 아는 만큼 친근감을 느껴 아끼고 사랑하게 된다. 애벌레가 번데기를 만드는 것을 본 주인공은 애벌레가 만든 번데기를 가져와 집 안에서 관찰을 계속한다. 주인공은 드디어 번데기에서 공작나비가 나오는 것을 보고 생명에 대한 경이로움을 느끼면서 매우 아름다워서 아무 말도 할 수 없다고 한다.

인간은 오감을 사용하여 세계를 탐구하고자 하는 자연 학자로 태어난다. 오감과 세밀한 관찰을 통해 자신이 인지한 것에 대해 의문을 제기하고 해답을 찾아가면서 자연을 탐구한다. 자연지능이 높은 사람은 오감이 발달되어 있는데, 오감을 이용해 동물과 식물 그리고 사물을 관찰하는 능력을 발휘한다. 생물이 성장하는 것에 매혹당하기도 하고, 생명 주기의 순환을 보고 생명의 신비에 감탄하기도 한다. 또한 서로 다른 종을 구별하고 이들 간의 상호관련성에 흥미를 갖기도 한다. 이러한 것들은 자연지능이 발달한 사람들에게 나타나는 자연물을 대하는 태도이다.

활용한 도서 : 『쭈글쭈글 애벌레』 / 비비언 프렌치 글 / 샬럿 보크 그림 / 비룡소

식물의 잎을 관찰해 보자

우리 주위에는 정말 많은 식물들이 있다. 아파트나 놀이터의 화단만 해도 일부러 심은 식물보다 스스로 싹을 틔운 식물이 더 많은 것을 쉽게 볼 수 있다. 식물의 생명력에 다시 한번 감탄하게 된다. 식물에게 이런 생명력을 주는 것은 무엇일까? 바로 놀랍도록 완벽한 식물의 구조 때문이다. 식물은 영양 기관으로 뿌리, 줄기, 잎을 가지고 있으며, 그 중에서 잎은 가장 쉽게 관찰할 수 있는 성장 기관이다.

아이에게 다음 네 가지 방법으로 잎을 관찰하게 하자.

첫째, 식물의 잎차례를 관찰하게 하자. 잎차례란 잎이 줄기나 가지에 붙는 순서를 말한다. 잎은 햇빛을 많이 받기 위해 서로 겹치지 않도록 줄기나 가지에 붙어 있다. 해바라기처럼 줄기에서 잎이 번갈아 붙는 잎차례를 어긋나기라고 한다. 분꽃처럼 두 장씩 마주 붙는 잎차례는 마주나기라고 한다. 쇠뜨기는 한 자리에서 잎이 돌려나는 돌려나기를 한다. 잎차례에 따라 어긋나기, 마주나기, 돌려나기 식물로 구분할 수 있다.

어긋나기

마주나기

돌려나기

둘째, 잎자루에 잎이 몇 장 붙었는지 관찰하도록 하자. 식물의 잎은 홑잎과 겹잎으로 나눌 수 있는데, 잎자루에 잎이 한 장이 붙었으면 홑잎이라 하고, 두 장 이상 붙었으면 겹잎이라 한다. 사철나무, 비름, 제비꽃은 잎자루에 하나의 잎이 붙어서 홑잎으

홑입

겹입

로 되어 있고, 아카시아나 장미, 괭이밥은 잎자루에 여러 장의 잎이 붙은 겹잎으로 되어 있다.

셋째, 잎에 거치가 있는지 없는지를 관찰하게 하자. 거치란 꽃잎이나 잎 가장자리에 있는, 톱니처럼 깔쭉깔쭉하게 베어져 들어간 자국을 말한다. 잎의 가장자리가 매끄러우면 거치가 없다고 한다. 나팔꽃, 아카시아, 철쭉, 강아지풀 등과 같은 식물의 잎에는 거치가 없다. 잎의 가장자리가 톱니 모양으로 생겼으면 거치가 있다고 말한다. 딸기나 봉숭아, 벚나무의 잎에는 거치가 있다.

거치 없음

거치 있음

넷째, 잎맥을 관찰해 보게 하자. 잎을 자세히 보면 여러 가닥의 줄이 보이는데, 이 줄을 잎맥이라고 한다. 강아지풀, 바랭이, 옥수수는 잎맥이 세로로 나란히 뻗어 있다. 이러한 잎맥을 나란히맥이라고 한다. 토끼풀, 민들레, 명아주의 잎맥은 그물처럼 얼기설기 뻗어 있어 그물맥이라고 한다.

아이와 함께 밖으로 나가서 여러 가지 식물의 잎을 보고 모양과 특징에 따라 분류

그물맥

나란히맥

해 보자. 아이는 이 활동을 통해 식물의 잎을 자세히 관찰하고 기준에 따라 분류하는 경험을 할 수 있다. 이러한 경험은 자연물에 대한 관심과 호기심을 자극하여 자연지능을 높여 준다.

3 자연 즐기기

　우리나라 전통 문화는 자연과 더불어 살며 자연을 보호하는 것이 생활에 배여 있다. 옛날 어머니들은 뜨거운 물을 하수구에 버리지 말라고 가르쳤다. 왜냐면 뜨거운 물이 땅속에 사는 지렁이를 비롯한 여러 가지 벌레를 해칠 수 있기 때문이다. 우리 조상들의 삶 속에 배여 있던 자연과 함께 공존하고자 하는 이러한 태도는 자연지능의 한 영역이다.

　이춘희 저자가 쓴 그림책 『풀싸움』은 〈잃어버린 자투리 문화를 찾아서〉라는 시리즈 중 하나이다. 산과 들에서 놀던 옛날 아이들은 자연지능을 발달시킬 수 있는 기회를 많이 가질 수 있었다. 자연 속에서 자연과 하나가 되는 삶을 살았기 때문이다. 이 책에서 소개하는 풀싸움은 식물의 이름과 특징을 누가 더 많이 아는지 내기하는 놀이이다.

📖 순태와 오규는 해를 부르는 노래를 한다. 빨리 나오라고, 자신들이 옷을 벗은 것처럼 구름옷을 벗고 어서 나와 놀자고 목청껏 노래를 한다.

순태와 오규는 멱을 감고 나와서 자신들의 몸을 말려 줄 해를 부르는 노래를 한다. 해를 친구처럼 대하고 있음을 알 수 있다. 친구를 부르듯 해를 부르는 아이들에게서 그들이 자연을 친근하게 느낄 뿐 아니라 그 속에 어우러져서 자연물에 동화된 모습을 찾아 볼 수 있다. 자연과 동화될 수 있는 바로 이런 환경에서 아이들의 자연지능은 높아진다. 아이들이 자연물을 친구처럼 대할 수 있도록 자연에 많이 노출시키는 것이 필요하다.

📖 순태와 오규가 자신들의 벗은 몸을 몰래 보았다며 분희와 실갱이를 한다. 이때 경애가 달려와 분희 편을 든다. 말다툼이 계속되자 경애가 중재에 나선다. 이렇게 싸워 봐야 뭐 하느냐고 하면서 함께 풀싸움을 하자고 제안한다.

경애는 다툼을 해결하기 위해 풀싸움을 제안한다. 풀싸움이란 편을 갈라 서로가 못 보게 여러 가지 풀을 모은 다음 순서를 정해서 자신들이 모은 풀을 내놓으며 이름을 말하는 것이다. 이때 상대편은 같은 종류의 풀을 내놓아야 하는데, 만약 그 풀을 갖고 있지 않거나 엉뚱한 풀을 내놓으면 감점이 된다. 이 놀이를 하면 굳이 이름을 외우려 하지 않아도 많은 식물 이름을 알 수 있다. 자연 속에서 자란 아이들은 이러한 놀이로 식물에 대한 정보를 저장하고 구별할 수 있는 능력을 길렀다. 자연물을 종별로 구별하는 능력이 바로 자연지능이다.

분희와 경애, 순태와 오규는 상대방이 풀 이름을 댈 때마다 같은 풀을 척척 내밀었다. 두 편이 팽팽하게 맞설 때 경애가 벌떡 일어나 자신 있게 새로운 풀을 탁 내밀었다.
분희와 경애 팀이 며느리밑씻개를 내밀며 '며느리밑씻개 나와라.'를 외치자 오규가 신이 나서 '며느리밑씻개 나가신다.'고 외치며 붉은 꽃을 내밀었다. 그러나 오규가 내민 풀은 며느리밑씻개가 아니고 며느리밥풀이었다. 오규와 순태가 며느리밥풀을 며느리밑씻개라며 우기자 분희가 며느리밑씻개에는 가시가 있고, 며느리밥풀에는 밥알처럼 하얀 게 달려있다고 차근차근 설명한다.

분희의 설명에 순태와 오규는 자신들이 졌음을 인정한다. 실제로 며느리밑씻개와 며느리밥풀은 확연하게 다르다. 순태와 오규가 진 이유는 이름이 비슷해서 두 가지의 식물을 혼동했기 때문이다. 분희는 식물의 이름을 특징과 함께 알고 있었기 때문에 이길 수 있었다. 이와 같이 자연물의 이름을 특징과 함께 기억하는 아이는 자연지능이 높다. 자연지능이 높은 아이는 자연물을 관찰할 때 단순히 관찰하는 데 그치지 않고 관찰한 대상을 특징에 따라 구별할 수 있는 능력을 가지고 있기 때문이다.

게임에서 진 순태와 오규에게 분희와 경애는 벌칙으로 '강아지 흉내 내기'를 제안한다. 마지막 벌칙까지도 자연 속에서 찾는다. 이와 같이 자연 속에서 자연물을 벗 삼아 놀고, 생물의 이름을 그들의 특징과 함께 기억하는 것은 자연을 많이 접해 본 아이들, 즉 자연지능이 높은 아이들의 특징이다.

　어떤 부모들은 자기 아이가 자연에 대한 감수성이나 지식을 별로 갖고 있지 않다고 생각한다. 심지어 자연에 관심이 없는 것이 타고난 것이라고 단정하는 사람도 있다. 그것이 사실이라 해도 부모들이 할 수 있는 일은 많다. 장마가 지나간 후의 하늘은 뭉게구름이라고 알려진 적운으로 가득하다. 장마가 끝날 때 또는 장마 기간이지만 하늘이 활짝 개었을 때 하늘을 보자. 각양각색의 구름이 파란 하늘에서 빛나는 광경은 천지창조를 연상하게 한다. 가을 저녁이면 많은 풀벌레 소리를 들을 수 있다. 이 소리에 귀 기울여 보자. 아파트 사이를 휘감아 도는 바람 소리는 중후한 관현악기의 연주처럼 들리기도 한다. 비가 오는 날 숲 속을 거닐어 보면 '생명력'이라는 것을 느낄 수 있다. 단지 하늘을 보는 것만으로도, 풀벌레 소리에 귀를 기울이는 것만으로도, 숲 속을 아무말 없이 거니는 것만으로도 아이의 자연지능은 발달한다.

　아이의 자연지능을 발현시키는 일은 그다지 어려운 것이 아니다. 주위의 모든 것에 눈과 귀와 마음을 열고 다가가기만 하면 된다. 보고, 듣고, 느끼는 만큼 자연은 경이로움으로 다가올 것이다. 레이첼 카슨은 '아이에게는 자연에 대해 함께 놀라워할 한 사람 이상의 어른이 있어야 한다.' 고 말하였다(『다중지능과 교수 - 학습』, 시그마프레스). 자연지능을 키우는 방법이 이 한 마디에 함축되어 있다.

활용한 도서 : 『풀싸움』 / 이춘희 글 / 김호민 그림 / 사파리

풀싸움

책에서 소개된 풀싸움은 도시에 사는 아이들에게는 어려운 놀이가 될 수 있다. 왜냐면 다양한 풀을 접할 수 없을 뿐 아니라 이름을 알 수 있는 기회도 없기 때문이다. 좀 더 간단하고 쉽게 하는 놀이를 소개하면 다음과 같다.

먼저 아이들을 두 팀으로 나눈다. 양팀은 상대팀에게 보이지 않도록 주의하면서 여러 가지 풀잎과 나뭇잎을 모은다. 이때 풀잎이나 나뭇잎을 많이 모으는 것보다 다양하게 모으는 것이 중요하다. 이파리 모으기가 끝나면 순서를 정한다. 먼저 게임을 시작하는 쪽을, 책에서 나온 것처럼 달리기를 해서 먼저 도착하는 팀으로 할 수도 있고, 가위, 바위, 보로 정할 수도 있다.

우선권을 가진 팀은 먼저 자신의 이파리를 내밀며 "우리 팀의 이파리다. 같은 이파리 내놔라."라고 말한다. 그러면 상대 팀이 같은 이파리를 내놓는다. 만약 같은 이파리가 없거나 다른 이파리을 내놓으면 한 점을 지게 된다. 한쪽 팀의 풀이 바닥날 때까지 계속 진행해서 득점과 실점을 계산하여 승부를 가린다.

이 놀이를 통해 아이들은 이파리의 모양과 색깔, 특징에 대한 많은 정보를 모을 수 있다. 서로 지지 않으려고 상대방이 내놓은 이파리를 자세히 관찰하면서 이파리의 다양함에 놀라게 될 것이다.

수집하기

다윈은 수집의 대가였는데, 수집을 통해 식물의 종과 형태의 다양성에 대해 매우 놀라고 경이로움을 느꼈다. 수집은 분류와 현상 파악 훈련을 할 수 있는 기초 활동이다.

대부분의 아이들은 성장 과정 중 수집하기에 비상한 관심을 보이는데 자연지능과 관련된 수집하기로는 나뭇잎 수집, 곤충 채집, 돌 모으기 등을 들 수 있다. 이때 수집한 것을 분류해서 보관하는 방법을 알도록 아이에게 다음과 같은 활동을 하게 하자.

수집할 것을 결정한 후 분류하여 보관할 수 있는 상자를 준비하게 한다. 수

집품을 한 곳에 모으면 나중에 분류할 때 곤란하기 때문에 수집하는 동안 기준을 정해 칸을 나누어 모으게 한다. 그러면 분류하기도 좋고 모으는 재미도 더 커진다. 수집이 끝나면 자신이 수집한 것을 세밀하게 분류하여 이름을 붙이게 한다. 기능, 크기, 모양, 색상, 나이, 다양성 등이 분류 기준이 될 수 있다.

자연물을 수집할 때는 지켜야 할 주의사항이 있다. 그곳에 사는 생물이나 환경을 고려해야 하는 것이다. 생물체에게 피해를 준다거나 환경에 위해가 되는 수집 행동은 하지 않아야 한다. 그리고 자신의 안전을 위해 독이 있는 식물이나 동물은 수집 대상에서 제외해야 한다. 무엇보다 자연에 대해 경외심을 갖고 자연물을 함부로 대하지 않아야 한다.

자연지능이 높은 아이는 자연에 민감하며, 식물이나 동물에 대한 이해력이 뛰어나고, 과학적인 연구나 활동에 몰두하는 능력을 가지고 있다. 아이들의 자연지능을 높이려면 다윈과 같이 자연에 관심을 보이도록 자연물을 수집하고 분석하는 경험을 하도록 하자.

자연지능과 관련된 도서

- 『갯벌이 좋아요』 / 유애로 글 · 그림 / 보림
- 『꼬마 정원』 / 크리스티나 비외르크 글 / 레나 안데르손 그림 / 미래사
- 『나무 하나에』 / 김장성 글 / 김선남 그림 / 사계절
- 『맛있는 들풀』 / 마루야마 나오토시 글 / 타카모리 토시오 그림 / 진선아이
- 『바람이 좋아요』 / 최내경 글 / 이윤희 그림 / 마루벌
- 『봄 · 여름 · 가을 · 겨울 식물일기』 / 하니 샤보오 지음 / 진선출판사
- 『산대장 솔뫼 아저씨의 생물 학교』 / 솔뫼 글 / 김정선 그림 / 삼성출판사
- 『수많은 생명이 깃들어 사는 강』 / 김순한 글 / 정태련 그림 / 우리교육
- 『생명이 숨쉬는 알』 / 다이애나 애스턴 글 / 실비아 롱 그림 / 웅진주니어
- 『세밀화로 그린 보리 어린이 식물도감』 / 전의식 외 글 / 이태수 외 그림 / 보리
- 『아기 수달의 머나먼 여행』 / 크리스티앙 부샤르디 글 / 브누아 샤를 그림 / 두레아이들
- 『악어야, 악어야』 / 페터 니클 글 / 비네테 슈뢰더 그림 / 비룡소
- 『야, 발자국이다』 / 도토리 기획 / 문병두 그림 / 보리
- 『어진이의 농장 일기』 / 신혜원 글 · 그림 / 창작과 비평사
- 『여왕개미를 찾아라』 / 프레드 베르나르 글 / 프랑수아 로카 그림 / 한마당
- 『얘들아! 산책 가자』 / 임재택 외 지음 / 양서원
- 『조지프의 마당』 / 찰스 키핑 글 · 그림 / 사계절
- 『지렁이다』 / 차보금 글 / 김영수 그림 / 사파리
- 『찾으며 즐기는 도토리와 솔방울』 / 카타기리 케이코 글 / 히라노 타카히사 사진 / 진선출판사
- 『할머니는 꽃들하고 말해요』 / 정인철 글 / 김복태 그림 / 베틀북
- 『자연, 그 경이로움에 대하여』 / 레이첼 카슨 글 / 에코리브르

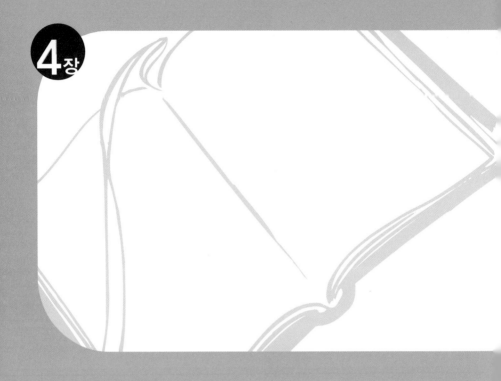

하늘이는 말하기를 좋아한다. 듣거나 보고 알게 된 것, 혹은 자기가 만들어낸
이야기를 다른 사람에게 재미있게 들려 주곤 한다. 또 다른 사람의 말을 흉내
내거나, 독특한 의미를 담아 새로운 낱말을 만들어내기도 하고, 자신의 생각이나 느
낌을 말로 잘 표현한다.

올해 초등학교에 입학한 바다는 글쓰기를 좋아한다. 자신의 생각이나 느낌을 표현할
때 다양한 형태를 이용하여 글을 쓴다. 또 어떤 상황이나 자신의 감정 상태를 알릴
때 문장을 써서 전달하기도 한다.

하늘이와 바다처럼 언어에 대해 호기심이 많고, 말이나 글을 통해 자신을 표현하고,
언어로 의사소통을 하려는 아이들은 언어지능이 높다.

언어지능이란 언어를 효과적으로 사용하는 능력이다. 즉, 언어의 구조, 소리, 리듬,
의미 등을 적절하게 다루고, 언어의 실제적인 기능을 잘 조작하는 능력을 말한다.
또 언어로 기억력이나 유머 감각을 나타내는 능력, 언어로써 가르치고 배우는 능력,
단어나 구문 등을 이해하는 능력, 누군가에게 무언가를 하도록 확신시키는 능력, 언
어에 대해 이야기하기 위해 언어를 이용하는 메타 언어 등을 포함한다. 같은 내용을

언어지능

글_ 김부자

표현하더라도 언어지능이 높은 사람은 다양한 언어를 상황에 적절하게 활용하여 더
효과적인 결과를 얻어낼 수 있다.

언어지능은 다른 사람의 생각을 바르게 이해하고, 자신의 생각을 효과적으로 표현하
게 하여 원활한 의사소통이 가능하도록 한다. 또 여러 가지 현상을 언어로 이해하고
개념화할 수 있도록 하며, 언어로 정서를 표현하거나 공감할 수 있도록 한다.

언어지능이 뛰어난 사람들은 언어에 대한 호기심이 많다. 따라서 언어의 기능을 잘
이해하고 활용하며, 낱말의 의미가 주위의 다른 언어에 미치는 영향 등에 민감하게
반응한다. 또 구사할 수 있는 어휘 수가 많고, 그것을 상황에 맞게 적절히 사용하며,
자신의 사고 과정과 감정을 언어로 표현하려는 욕구가 강하다.

언어지능은 책 읽기, 논문, 소설, 시, 대화의 이해 등과 관련된다. 언어지능이 높은
사람들로는 언어의 음률과 의미에 민감한 시인들이나, 소설가, 변호사, 웅변가, 기
자 등을 들 수 있다. 언어지능을 강화하는 활동으로는 연설, 창작, 토론, 유머 혹은
농담, 이야기 만들기 등이 있다.

그림책에서 찾은 **언어지능**

1 말로 의사소통하기

　레오 리오니의 그림책 『프레드릭』에는 언어에 대한 민감성을 가진 '프레드릭'이라는 들쥐가 나온다. 프레드릭은 다른 들쥐들이 겨울 동안 먹을 양식을 모으는 동안, 밝고 따뜻한 햇살과 갖가지 색깔들과 이야기를 모은다. 겨울이 되고 준비한 양식이 떨어져가자 프레드릭은 다른 들쥐들에게 햇살 얘기와 색깔 얘기, 그리고 그것들을 모아 만든 이야기를 들려 준다. 프레드릭의 이런 모습은 언어지능에서 말하는 '여러 가지 현상을 언어로 이해하고 개념화하며, 언어로 정서를 표현하거나 공감할 수 있도록 하는 능력'과 관련이 있다. 그림책에서 프레드릭이 자신의 경험을 어떻게 언어화하고 표현하는지, 이를 다른 들쥐들에게 어떻게 생생하게 전달하는지, 말로 의사소통하는 방법을 살펴보자.

아이들은 대부분 비슷한 언어발달 단계를 거친다. 울음을 시작으로 생후 3~4개월부터 옹알이를 하고, 12~13개월에는 사물이나 사건을 지칭하거나 기분이나 욕구를 표현하는 의미 있는 한 단어를 말한다. 24개월경에는 50개 정도의 단어를 말하며, 폭발적으로 어휘를 습득한다. 이 시기에는 '엄마 밥!, 밥 줘.'와 같은 행위 중심의 문장이나, '엄마 예뻐!'와 같은 상태를 나타내는 문장, '아가 신발'과 같이 소유를 나타내는 문구와 같이 두 개 이상의 중요한 단어만 연결하는 방식으로 언어를 사용한다. 3~4세경에는 3~4개의 단어로 문장을 구사하고, 부정문이나 복수형에 대한 개념을 갖게 되어 '싫어. 아니.'와 같은 부정적 의미의 문장을 많이 사용한다. 4~5세경에는 부사, 형용사를 사용하거나 어미를 달리함으로써 문장을 변형할 수 있고, 5~6세에는 대부분의 문법에 숙달한다. 아이들의 언어발달 속도는 언어환경과 언어지능에 따라 큰 차이를 보이며, 언어지능이 높은 아이들의 경우 이 모든 발달 단계가 빨리 일어난다.

햇살 모으기

풀밭을 따라 죽 둘러쳐진 돌담 틈새에 수다쟁이 들쥐들의 보금자리가 있다. 한 줄로 늘어서서 빨간 열매를 나르고 있는 네 마리의 들쥐 모습과 오려 붙인 것 같은 별 모양의 풀밭, 줄지어 기어가는 까만 개미들의 모습도 보인다. 그런데 네 마리의 들쥐들과 조금 떨어진 곳에 또 한 마리의 들쥐가 있다. 바로 주인공 프레드릭이다. 프레드릭은 눈을 반쯤 감은 채 조는 듯이 웅크리고 앉아 있다. 다른 들쥐들은 다가올 겨울을 위해 옥수수와 나무 열매와 밀과 짚을 모으기에 여념이 없지만, 프레드릭은 그들과 다른 방향으로 돌아 앉아 있다.

프레드릭의 행동을 의아스럽게 생각한 다른 들쥐들은 프레드릭에게 왜 일을 하지 않느냐고 묻는다. 프레드릭은 자신도 일을 하고 있으며, 자신은 춥고 어두운 겨울날들을 위해서 햇살을 모으는 일을 하고 있는 중이라고 대답한다.

프레드릭이 네 마리의 들쥐들과 다른 방향으로 웅크리고 앉아서 눈을 감고 있는 이유는 사물마다 각기 다른 모습으로 배여 있는 햇살을 모으기 위해서라는 것을 짐작할 수 있다. 다른 들쥐들은 몸을 움직여 땀흘려 일을 하지만, 프레드릭은 움직임을 멈추고 내부의 힘을 모아 일하고 있는 것이다.

그림을 살펴보면, 왼쪽 윗부분에 샛노랗고 둥근 원이 그려져 있는데 '해'라는 것을 알 수 있다. 샛노랗게 표현된 해에서는 밝음과 따뜻함이 느껴진다. 오른쪽에는 들쥐 네 마리가 한 줄로 서서 두 손을 위로 뻗어 노랗게 잘 여문 옥수수를 받쳐 들고 간다. 옥수수를 나르는 들쥐들 뒤쪽에 초록색 잎을 드리운 나무가 있다. 해의 기운이 옥수수와 나무와 풀밭과 땅과 열심히 일하는 네 마리의 들쥐들과 프레드릭에게 제각각 다양한 온기와 밝기로 전해지고 있다.

모은다는 것은 이리저리 흩어져 있는 것들을 한군데 쌓아두는 것을 의미한다. 다른 들쥐들이 옥수수, 나무 열매, 밀, 짚 등 겨우살이에 필요한 것들을 모아 창고로 옮기듯, 프레드릭은 여기저기

흩어져 있는 햇살을 다양하게 언어화해서 모으고 있다. 뿐만 아니라 해가 품고 있는 햇살은 찬란한 황금빛으로, 들쥐들이 나르고 있는 옥수수에 배여 있는 햇살은 풍요로운 노란빛으로, 넓은 땅에 스며들어 있는 햇살은 따뜻한 황토빛으로 분류하고 있다. 즉 햇살을 온기에 따라 노랗거나 샛노랗게, 밝기에 따라 황금빛과 황토빛 등으로 구분하여 모으고 있다.

프레드릭이 자연 속에 다양한 형태로 퍼져 있는 햇살을 구분하는 것은 비슷한 차원의 다양한 낱말들을 구분하고 있다는 것으로 해석할 수 있다. 언어에 민감하지 않은 아이라면 그림책을 보면서 둥근 원을 그냥 단순히 '노란 해'라고 한 단어로 말하거나, 그림 전체에 각기 다르게 담겨 있는 햇살을 다양한 언어로 표현하지 못할지도 모른다. 이럴 때 아이에게 프레드릭처럼 움직임을 멈추고 눈을 감고 햇살의 온기를 느껴 보고, 말로 표현해 보도록 하자. 프레드릭이 모으고 있는 햇살이 어느 계절의 햇살인지, 어떤 사물에 어떤 모습으로 배여 있는 햇살인지 등에 대한 이야기를 나누어 보는 것도 언어에 대한 호기심과 민감성을 자극할 수 있다.

어느 날 풀밭을 내려다 보고 있는 프레드릭에게 다른 들쥐들이 지금은 무엇을 하고 있는지 또 묻는다. 프레드릭은 온통 잿빛인 겨울을 위해 색깔을 모으고 있다고 대답한다.

프레드릭이 색깔을 모으고 있다는 풀밭에는 파란색, 빨간색, 하얀색, 보라색 등 갖가지 색깔의 꽃들이 피어 있다. 프레드릭은 햇살을 모으기 위해서는 눈을 감고 촉감을 이용했지만, 이번에는 색깔을 모으기 위해서 높은 곳에 올라가 멀리 바라보고 있다. 색깔은 시각적인 이미지이므로 시야를 넓히는 것은 더 다양한 색깔들을 모으기 위한 것이라고 짐작할 수 있다.

아이들이 4~5세 정도가 되면 '파랗다, 빨갛다'와 같이 상태나 성질을 나타내는 형용사나 부사를 쓰기 시작한다. 이 시기 아이들은 의사소통을 할 때 명사와 동사를 많이 사용하고 상대적으로 부사나 형용사는 적게 사용한다. 여기에 사물의 상태나 성질이 어떠함을 설명하는 형용사나 '꼭, 쨱쨱, 빨리' 등과 같은 부사를 사용하게 하면 아이들의 언어 표현은 더욱 풍성해진다.

프레드릭은 빨강, 노랑, 보라 등의 색깔을 '붉은 양귀비 꽃, 노란 밀짚'처럼 형용사를 사용해 선명하게 저장하고, '붉게 핀 양귀비 꽃'처럼 부사를 사용해 모습을 생생하게 저장하고 있다. 형용사나 부사를 넣어 다양하게 표현하는 연습은 아이들의 언어지능을 자극할 수 있는 좋은 방법이다.

이야기 모으기

다른 들쥐들은 이번엔 조는 듯 보이는 프레드릭을 보고 꿈을 꾸고 있느냐고 묻는다. 그러자 프레드릭은 기나긴 겨울, 얘깃거리가 떨어질 때를 대비해서 이야기를 모으고 있다고 대답한다.

프레드릭은 수다쟁이 들쥐들이 나누는 것은 '얘깃거리'로, 자신이 모으는 것은 '이야기'로 구분하고 있다. 수다쟁이 들쥐들의 얘깃거리와 프레드릭이 모으는 이야기는 어떻게 다른 것일까? 여기서 '얘깃거리' 란 일상적이고 단편적인 말들로 듣는 사람을 생각하지 않고 떠드는 수다를 가리킨다. 이에 반해 '이야기' 란 인물, 사건, 시간과 배경이라는 구성 요소를 주제가 드러나도록 재구성하는 것을 의미한다.

프레드릭은 이야기를 만든다고 하지 않고 모으고 있다고 말한다. 모은다는 것은 여러 가지 중에서 선택을 한다는 의미가 담겨 있는 말이다. 프레드릭이 이야기를 선택하는 기준은 '기나긴 겨울엔 얘깃거리가 동이 난다' 는 말에서 엿볼 수 있다. 프레드릭은 겨울에 필요한 이야기, 일상적인 수다가 흥이 나지 않을 때 필요한 이야기, 더 이상 아무 말도 하고 싶지 않을 때 필요한 이야기를 모으고 있다. 즉 프레드릭은 이야기를 들을 대상과 이야기가 필요한 상황을 미리 생각하고 있는 것이다.

프레드릭은 들쥐들이 주로 생활하는 커다란 초록 나무들과 황토빛 땅에서 들쥐들과 관련된 이야기를 모은다. 이처럼 이야기는 들을 사람의 생각이나 감정을 미리 예측하는 것이 중요하다.

📖 겨울이 되고 들쥐들은 작은 구멍으로 들어간다. 들쥐들은 처음에는 먹이가 넉넉하여 바보 같은 늑대와 어리석은 고양이 얘기를 하며 행복하게 지낸다.

들쥐들은 겨울 동안 추위를 피하기 위하여 자신들이 마련해놓은 작은 구멍에서 살아야 한다. 그곳에서는 새로운 경험을 할 수는 없지만, 그동안 열심히 일해서 모아둔 넉넉한 양식 덕분에 느긋한 마음으로 지낼 수 있다. 먹이가 넉넉하고 안전한 상황에서는 누구나 느긋해진다. 구멍 밖에 있을 때 항상 두려움의 대상이었던 늑대와 고양이에 대해서도 바보라거나 어리석다고 비웃으며 쉽게 수다를 떨 수 있다. 이런 수다는 자신들의 생활을 더 근사하게 보이도록 하므로 들쥐들은 행복하다고 느낀다.

말로 표현하기

하지만 모아두었던 양식이 떨어져가자 차츰 들쥐들의 수다도 줄어든다. 들쥐들은 프레드릭이 했던 말을 떠올리고 프레드릭에게 그동안 모은 양식은 어떻게 되었느냐고 묻는다.

들쥐들이 겨울을 나는 구멍 속은 '겨울엔 온통 잿빛'이라던 프레드릭의 말대로 온통 잿빛이다. 먹을 것이 없는 상황에서 수다는 아무런 도움을 주지 못한다. 오히려 기운만 떨어지게 해서 누구도 말하고 싶어 하지 않는다. 들쥐들은 양식처럼 힘이 되는 것이 있었으면 하는 마음에 프레드릭에게 모은 양식이 어떻게 되었는지 묻는다.

프레드릭은 커다란 돌 위로 올라가서 다른 들쥐들이 눈을 감도록 한 후 그동안 자신이 모은 햇살 얘기를 들려 준다.

프레드릭이 커다란 돌 위로 올라간 것은 효과적으로 이야기를 전달하기 위한 행동이다. 말하는 사람의 태도나 목소리, 억양 등

이야기하는 상황이나 환경은 내용 전달에 많은 영향을 미친다.

프레드릭은 다른 들쥐들이 이야기를 더 잘 이해할 수 있도록 눈을 감게 한다. 눈은 현실 세계로 향해 열려진 창이다. 눈을 감음으로써 현실에서 무한한 상상의 세계로 시야를 옮길 수 있다. 얼어붙은 차가운 겨울에 따사롭고 찬란한 금빛 햇살을 느끼는 것은 상상으로 현실을 극복할 때 가능하다. 외부로 향해 있던 눈을 내부로 돌리면 상상력을 발휘할 수 있다.

📖 프레드릭이 보내 주는 햇살을 받은 들쥐들은 몸이 점점 **따뜻해지는 것을 느낀다.**

네 마리의 들쥐들은 눈을 감은 채 정면을 향하여 오도카니 앉아서 프레드릭의 이야기에 귀를 기울인다. 프레드릭의 이야기를 들으며 들쥐들은 자신들이 경험했던 금빛 찬란한 햇살의 이미지를 떠올린다. 프레드릭이 돌 위에 올라서서 이야기로 들려 주는 햇살과 다른 들쥐들이 떠올리는 햇살이 그들 뒤에 있는 커다란 잿빛 바위에 노랗게 번져가고 있다.

다른 들쥐들이 프레드릭의 이야기를 듣고 햇살을 느낄 수 있었던 이유를 그림책에서는 두 가지로 나타내고 있다. 하나는 "프레드릭의 목소리 때문이었을까요?"에서 알 수 있듯이 프레드릭의 목소리, 즉 화자의 역량이며, 다른 하나는 "마법 때문이었을까요?"에서 짐작할 수 있듯이 마법 즉 이야기 자체의 역량이다.

📖 들쥐들이 조바심을 내며 색깔은 어떻게 되었는지 묻자 프레드릭은 파란 덩굴 꽃과, 노란 밀짚 속의 붉은 양귀비 꽃, 또 초록빛 딸기 덤불 얘기를 들려 준다. 들쥐들은 마음속에 그려져 있는 색깔들을 눈덧이 볼 수 있었다. 들쥐들은 이제 다른 이야기가 궁금해진다.

다른 들쥐들은 프레드릭을 통하여 눈에 보이지 않던 햇살을 경험하게 되는 순간 비로소 춥고 어두운 겨울날들을 위해 햇살을 모은 다던 프레드릭의 말을 믿고 프레드릭의 일을 인정한다. 들쥐들은 프레드릭이 모은 이야기에 대한 기대가 커지며 조바심까지 낸다.

📖 들쥐들이 궁금해 하자 프레드릭은 목소리를 가다듬고 마치 무대 위에서 공연이라도 하는 것처럼 이야기를 들려 준다.

프레드릭은 이야기를 시작하기 전에 목소리를 가다듬고 잠시 동안 기다린다. 그리고 마치 무대 위에서 공연을 하는 듯한 마음과 태도로 이야기를 들려 준다. 이 대목에서 이야기하는 사람이 갖추어야 할 자세를 엿볼 수 있다. 이것은 언어지능의 특성 중에서 효과적으로 이야기하기에 해당한다. 효과적으로 이야기하기는 목적에 어울리는 적절한 어조로 듣는 사람을 고려하여 말하는 능력이다.

효과적인 의사소통을 위해서는 적당한 시간과 적절한 장소에서 듣는 사람에게 알맞은 주제와 알맞은 어투로 이야기할 수 있는 능력이 필요하다. 유아들은 이야기를 할 때 듣는 사람에게 적합한 말투를 사용해야 한다는 것을 스스로 알게 되며, 다른 사람의 이야기를 들을 때 상대방의 애매한 말을 비언어적 맥락 즉, 말하는 사람의 태도, 기호, 행동 등의 단서들로 의미를 추론하여 듣기 시작한다. 학령기가 되면 자신이 사용하는 언어의 양식과 내용을 듣는 사람의 이해 수준에 맞추며, 상위 언어에 대한 인식이 발달하므로 실제 들은 것보다 더 많은 것을 이해할 수 있는 언어적 추론을 끌어낼 수 있다.

프레드릭이 들려준 시는 4연으로 되어 있다. 1연에서는 눈송이를 뿌리는 것은 누군지, 얼음을 녹이는 것은 누군지, 다른 날씨를 가져오는 것은 누군지, 날을 저물게 하고 달을 밝히는 것은 누군지를 물음표로 나타낸다. 2, 3, 4연에서는 자신들을 하늘에 사는 들쥐 네 마리로 비유하여 봄, 여름, 가을, 겨울 각자 자기 계절에 맞는 일을 하며 사이좋게 지내고 있음을 노래하고 있다.

"눈송이는 누가 뿌릴까?"
"얼음은 누가 녹일까?"
(중략)
봄쥐는 소나기를 몰고 온다네.
여름 쥐는 온갖 꽃에 색칠을 하지.

시에는 그동안 프레드릭이 모은 이야기 내용이 담겨 있다. 프레드릭은 자연의 경이로움과 변화, 그리고 그 속에서 소통하는 들쥐들의 모습을 낭만적이고 따뜻한 정서로 담아 표현했다.

프레드릭의 이야기를 들은 들쥐들은 박수를 치며 감탄한다. 그리고 프레드릭에게 시인이라는 찬사를 보낸다. 프레드릭은 얼굴을 붉히며 수줍게 들쥐들의 말에 수긍한다.

프레드릭이 들려 준 이야기를 듣고 들쥐들이 박수를 치며 감탄했다는 것은 프레드릭의 이야기에 들쥐들이 공감함으로써 적절한 의사소통이 이루어졌음을 뜻한다.

언어지능이 뛰어난 사람은 같은 이야기를 해도 다른 사람에게 감동을 주고 공감을 이끌어 내며 언어로써 원활한 의사소통을 한다. 이런 점에서 프레드릭은 언어지능이 뛰어난 존재이다.

활용한 도서 : 『프레드릭』 / 레오 리오니 글 · 그림 / 시공주니어

생각이나 느낌 이야기하기

아이에게 책의 앞뒤 표지를 보여 주며 떠오르는 생각이나 느낌을 이야기하게 하는 것은 아이의 이야기 구성 능력을 키우는 데 도움이 된다. 생각이나 느낌을 이야기하게 하고 엄마는 아이가 하는 이야기를 간단하게 받아 적는다. 아이가 한 이야기를 바탕으로 '어떤 문제가 생길까? 왜 그런 일이 생기게 된 걸까? 어떻게 해결될까?' 라며 질문하고 아이의 대답을 받아 적은 후 아이가 메모한 것을 바탕으로 짧은 이야기를 만들어 보도록 한다.

그림을 보고 떠오르는 생각이나 느낌을 이야기하기는 취학 전후 아동의 말하기 능력을 향상시키고 언어지능을 높일 수 있는 방법 중 하나이다. 그림을 보고 이야기하는 과정에서 아이는 언어적 상상력을 자극 받게 되고 적절한 단어를 선별하여 사용하고, 사물을 설명하고 묘사하는 능력이 발달한다. 또한 그림을 통해 다음 장면을 유추하거나 상상하는 과정에서 이야기를 구조화하게 된다. 이 전략은 보이는 것 그대로 말하기, 분위기에 관해 말하기, 인물의 표정과 행동 말하기, 일어날 사건 말하기, 등장인물 말하기 등으로 다양하게 응용하여 활용할 수 있다.

재미있게 이야기하기

효과적으로 말하는 능력을 키우는 활동이다. 『프레드릭』을 읽은 후 글씨 부분을 포스트잇이나 종이 등으로 가린다. 엄마가 먼저 아이에게 책의 그림을 보여 주면서 이야기를 들려 준다. 옛날이야기를 들려 줄 때처럼 이야기 속도를 조절하고 목소리의 높낮이를 살려 자연스러운 말투로 이야기한다. 그림책 이야기를 옛날이야기 형식으로 바꿔 쓰고 연습한 후에 이야기하는 것도 좋다. 아이도 엄마처럼 이야기하기를 해 보게 한다. 두 권의 책을 읽고 엄마와 아이가 각각 다른 이야기를 해도 좋다.

이야기하기는 오래 전부터 사용해 온 언어지능 계발 활동 중 하나이다. 아이들에게 이야기를 하게 할 때는 흥미 있게 이야기를 시작하는 방법, 자신이 감당할 수 있을 정도로 등장인물 수를 제한하는 것, 흉내 내는 말이나 행동, 또는 직유법이나 은유법 등을 적절히 사용하는 방법, 목소리를 명료하고 생동감 있게 하는 방법, 그리고 중요한 부분에서 이야기 속도와 목소리 크기를 조절하는 방법, 듣는 사람과 눈 맞추기, 듣는 사람이 이야기에 참여할 수 있도록 고려하기 등의 기술을 사용해 보도록 한다.

2 글로 의사소통하기

사라 스튜어트가 쓴 『리디아의 정원』에는 행동이나 말보다 글로 자신의 생각이나 느낌을 더 효과적으로 표현하는 리디아라는 소녀가 나온다. 리디아는 어려워진 집안 형편 때문에 도시에 있는 외삼촌 집으로 가게 되면서 편지를 쓴다. 리디아가 쓴 12통의 편지로 구성되어 있는 이야기는 리디아가 태어나서 한 번도 본 적이 없는 외삼촌을 만나서 원활한 의사소통을 하게 되기까지 과정을 그렸다.

리디아는 편지에 자신이 처한 상황이나 문제, 그리고 그런 것에 대한 자신의 생각이나 느낌, 감정 등을 잘 담아낸다. 리디아의 편지는 리디아가 외삼촌을 진정으로 알게 되고 의사소통을 하는 중요한 열쇠가 된다. 리디아는 가족에게 편지를 쓰면서 외삼촌에 대하여 더 깊이 관찰하고 새롭게 발견함으로써 외삼촌을 이해하고 공감하게 된다. 리디아의 이야기를 통해서 글로 의사소통을 하는 또 다른 방법을 찾아 볼 수 있다.

나 표현하기

리디아는 '집안 형편이 어려워졌으니 도시에서 빵 가게를 하는 외삼촌 집에 가서 사는 것이 어떻겠느냐?' 는 할머니의 말을 듣고 외삼촌께 편지를 쓴다. 편지 내용은 집안 상황이 몹시 좋지 않아서 가족이 모두 울었으며, 엄마가 들려 주신 외삼촌과의 어린 시절 추억 이야기 덕분에 다 같이 웃었다는 것과 자신은 작아도 힘이 세며, 삼촌 집에 가면 일을 거들겠다는 것이다.

의사소통이란 서로 간에 생각이나 뜻이 잘 통하는 것을 말한다. 의사소통은 같은 시대를 살며, 사회 · 문화적으로 비슷한 환경에 있는 비슷한 연령의 사람들 사이에서 더 잘 이루어진다. 그러나 언어지능이 뛰어난 사람은 시대와 사회 · 문화적인 환경을 뛰어 넘어서 원활한 의사소통이 가능하다.

자신의 생각과 감정을 언어로 제대로 표현하지 못하여 불편을 겪는 아이가 있다면 설명이나 긴 글을 요구하기보다 쪽지 쓰기, 메모 하기, 메일이나 문자 보내기 등으로 생활 속에서 언어를 쉽게 접할 수 있는 환경을 만들어 줌으로써 언어로 표현하는 것에 대한 자신감을 갖도록 격려하는 것이 좋다.

가족과 떨어져 낯선 곳으로 가야 하는 리디아의 마음은 두렵고 불안할 것이다. 하지만 그런 마음을 내색할 수도 없다. 리디아는 한 번도 본 적이 없는 외삼촌이 어떤 사람일지, 잘 대해 주실지 몹시 걱정스럽다. 리디아는 글을 통해 자신이 그곳으로 갈 수밖에 없는 사정을 알리고, 외삼촌의 일을 거들겠다는 의지를 밝힘으로써 앞으로 함께 지내게 될 외삼촌과 의사소통을 하려고 한다.

외삼촌 집으로 떠나는 리디아를 기차역에서 가족들이 배웅한다. 리디아 앞에 쪼그리고 앉아 여러 가지 당부의 말을 하는 듯한 할머니의 모습과 그런 모습을 바라보는 엄마, 그리고 등을 돌리고 서 있는 아빠의 모습이 보인다. 엄마는 리디아를 위해 엄마가 입던 옷으로 리디아의 원피스를 만들어 주었고, 아빠는 '엄마 얼굴에다 커다란 코와 콧수염이 있는 사람이 외삼촌이니 그 사람만 찾으라.'고 외삼촌을 쉽게 찾을 수 있는 방법을 알려 주었다. 리디아는 아빠에게 외삼촌이 유머 감각이 있는 분인지를 묻는다.

배웅을 나온 아빠와 리디아가 서로 등을 지고 서 있는 그림으로 보아 말이나 행동으로 마음을 주고받지는 못하고 있는 듯 느껴진다. 하지만 리디아의 편지 내용에서는 그런 모습을 찾아 볼 수 없다. 오히려 외삼촌을 찾는 방법을 재미있게 알려 준 아빠의 유머가 자신을 편안하고 즐겁게 했다는 편지를 보냄으로써 리디아는 일자리를 잃고 슬퍼하는 아빠를 위로한다. 또 리디아는 외삼촌이 아빠처럼 유머 감각이 있기를 바란다. 외삼촌이 유머 감각이 있다면 자신과 잘 지낼 수 있을 것이라고 생각하기 때문이다.

할머니는 리디아에 대해 누구보다 잘 알고 있으며 잘 챙겨 주시는 다정다감한 분이다. 리디아는 이런 할머니께 자신이 흔들리는 기차 안에서 깜빡깜빡 졸고 있는 모습과 잠이 들 때마다 할머니가 챙겨 주신 꽃씨를 심고 가꾸는 꿈을 꾸고 있다는 이야기까지 편지에 쓴다.

이렇게 리디아는 말로 표현하지 못하는 것을 편지에 글로 쓰며 자신의 생활을 마주보고 이야기를 나누는 것처럼 편안하게 고스란히 담아낸다.

상대방 고려하기

언어지능이 높은 사람은 글을 쓸 때 예상 독자를 고려한다. 나아가 자신의 글이 특정인을 대상으로 하는 것인지 아닌지 분명하게 인식하고, 예상 독자가 필요로 하는 것과 예상 독자의 상황 등을 고려한다. 또한 언어지능이 높은 사람은 독자 중심적 입장에서 글을 쓰면서 자신의 입장과 글에 대한 확신, 자신감 등을 독자에게 효과적으로 드러내 보인다.

리디아는 외삼촌께 또 편지를 쓴다. 자신은 빵을 만들 줄 모르지만 빵 만드는 것을 배우고 싶다고 한다. 그리고 잘하는 것은 원예라고 하며, 외삼촌이 사는 곳에 꽃씨를 심을 만한 곳이 있는지를 묻는다. 마지막으로 할머니가 자신을 '리디아 그레이스'라고 부르니 그렇게 불러 달라고 한다.

리디아의 편지에는 자신의 글을 읽게 될 외삼촌을 배려하는 마음이 느껴진다. "저는 그곳에 가면 꽃씨를 심을 거예요."라고 하든가 "꽃씨를 심으려고 가져가고 있어요."라고 직접적으로 쓸 수도 있지만, "혹시 그곳에 꽃씨를 심을 만한 곳이 있나요?"라고 묻는 화법을 사용한다든지, "저를 리디아 그레이스라고 불러 주셨으면 해요."라고 한 뒤에 "할머니가 절 부르시는 것처럼요."라는 말을 붙인 것이 그렇다. 또 외삼촌이 빵 가게를 운영한다는 것을 감안하여 빵 만드는 것을 배우고 싶다는 것과 일을 거들겠다는 의지를 밝힌 후 자신이 좋아하는 것에 대하여 이야기한 것도 그렇다.

언어지능이 높은 사람은 글로 의사소통을 할 때 상대의 나이, 성별, 성격, 환경 등의 상황적 요소와 상대가 아는 것과 모르는 것, 알고 싶어 하는 것 등을 고려하므로 상대에게 쉽게 공감을 얻어 효과적인 의사소통을 한다.

리디아는 외삼촌이 사는 도시의 기차역에 도착한다. 철근 콘크리트로 크게 지어진 기차역 한 쪽 귀퉁이에 기차역을 올려다 보는 조그만 리디아의 모습이 보인다. 외삼촌은 기차역으로 리디아를 마중 나왔다. 하지만 리디아는 외삼촌과 반대 방향으로 몸을 돌리고 집집마다 창 밖에 놓여 있는 화분들을 바라보며 그 화분들이 자신을 기다리고 있었던 것처럼 생각한다.

거대한 기차역과 대조적으로 조그맣게 그려진 리디아의 모습은 낯설고 거대한 도시에 위축되어 있는 리디아의 마음을 상징적으로 보여 준다. 이러한 상황은 리디아를 마중 나온 외삼촌과 리디아가 만나는 장면으로 이어진다. 리디아는 외삼촌을 만났지만, 막상 자신의 마음을 말이나 행동으로 표현하지 못하고 자신과 친근한 화분으로 관심을 돌린다. 리디아가 외삼촌한테 보낸 편지에서 느껴졌던 자연스러움이나 친근감은 찾아 볼 수 없다.

리디아가 가족에게 보내는 편지에 '외삼촌은 잘 웃지 않는다.' 라고 쓴 것은 외삼촌과 의사소통이 잘 이루어지지 않고 서먹한 관계임을 표현한 것이다.

외삼촌 집에서 생활한 지 서너 달이 흘렀다. 그동안 여러 가지 일들이 있었지만 외삼촌은 여전히 웃지 않는다. 리디아가 외삼촌께 긴 시를 지어 드렸더니, 외삼촌은 여전히 웃지 않았지만, 시를 소리 내어 읽은 후 셔츠 주머니에 넣고 손가락으로 톡톡 두드렸다.

리디아는 외삼촌을 웃게 하지는 못했지만, 외삼촌의 손가락 동작을 보고 자기의 마음을 전달하는 데는 성공했다는 것을 알게 된다. 리디아가 외삼촌의 작은 사인(sign)을 인식했다는 것은 그만큼 외삼촌의 마음을 알게 되었다는 뜻이기도 하다. 리디아는 외삼촌도 자기의 마음을 알아 줄 것이라는 확신을 갖는다.

리디아는 지저분하게 버려져 있는 옥상을 발견하고, 그곳에 멋진 정원을 꾸며 외삼촌을 함빡 웃게 만들 계획을 세운다.

리디아는 자신이 멋진 정원을 꾸며서 외삼촌께 보여드리면 그때는 외삼촌이 정말로 활짝 웃게 될 것이라고 생각한다.

글로 공감하기

📖 그동안 꽃이랑 알뿌리에서 싹이 돋았고, 여기저기 사방 온데서 꽃들이 피었다. 손님들이 화초를 가져다 주기도 하고, 이웃들이 가져다 준 커다란 그릇에다 리디아가 꽃을 심기도 했기 때문이다.

글로 원활한 의사소통을 하는 사람들은 어떤 상황에서 무심히 지나쳤거나 미처 보지 못했던 것들을 글을 쓰는 과정에서 보게 되며, 자신이 생각하고 알고 있는 것에 대하여 다시 살펴보게 된다. 리디아는 가족에게 보내는 편지를 쓰는 과정에서 외삼촌에 대하여 알아간다. 외삼촌은 함께 살고 있는 가족이 없으며, 오로지 일밖에 모른다. 지금까지 리디아처럼 어린 여자 아이를 상대해 본 적이 없으며, 다른 사람에게 자신을 열어 보일 필요를 느끼지 못했을 것이다. 리디아가 자신을 보고 웃어 주기를 바라고 있다는 사실도 모른다. 시를 낭독하고 감동했을 때 손가락으로 톡톡 두드리는 것이 표현의 전부인 사람이다.

📖 옥상 정원으로 외삼촌을 모시고 가는 날이 되었다. 리디아는 외삼촌이 웃는 모습을 상상하며 행복해 한다. 외삼촌은 리디아가 지금까지 한 번도 보지 못한 굉장한 케이크를 들고 나타난다. 리디아에게 그 케이크는 외삼촌이 천 번 웃은 것만큼이나 큰 의미로 다가온다.

리디아는 감수성이 풍부한 소녀이며, 사물을 따뜻한 눈으로 바라보고, 의사소통하는 것을 좋아한다. 반면, 외삼촌은 나이든 남자 어른이고, 빵 만드는 일밖에 모르며, 무표정하고 건조하다. 서로 다른 환경에서 서로 다른 방식으로 생활해온 리디아와 외삼촌이 원활한 의사소통을 한다는 것은 매우 어려운 일이다. 하지만 리디아는 글을 쓰는 과정을 통하여 외삼촌이 자기와 다르다는 것을 알게 되고 외삼촌을 진심으로 이해하게 된다. 외삼촌이 웃음을 보여주는 것이 자신에 대한 친근감의 표현이라고 생각했던 리디아는 외삼촌에게는 웃음보다 더 큰 의미가 담긴 표현 방법이 있다는 것을 알게 된다.

외삼촌은 리디아에게 편지 한 통을 주신다. 그 편지에는 아빠가 취직을 하셨다는 내용이 담겨 있다.

에드 아저씨와 엠마 아줌마, 고양이, 그리고 외삼촌이 고향으로 돌아가는 리디아를 배웅하기 위해 기차역으로 나왔다. 기차역은 처음 도착했을 때 어둡고 황량하기만 했던 분위기와 달리 밝고 온기가 넘친다. 마치 리디아가 집을 떠나올 때 가족들의 배웅을 받았던 시골 기차역과 비슷한 느낌이다. 외삼촌은 할머니가 그랬던 것처럼 땅에 두 무릎을 대고 키 높이를 낮춰 리디아를 품에 안았다. 할머니와 리디아 사이에 느껴지던 사랑이 외삼촌과 리디아 사이에서도 느껴진다.

활용한 도서 : 『리디아의 정원』 / 사라 스튜어트 글 / 데이비드 스몰 그림 / 시공주니어

짧은 글짓기

그림책의 장면을 아이에게 보여 주고 연상되는 낱말들을 쓰게 한 다음 그 단어를 이용해 내용과 관련된 짧은 글짓기를 해 보도록 한다. 언어지능과 관련된 어휘력이나 문장력을 키우는 데 도움이 된다.

인물 사전 만들기

등장인물의 성격이나 외모적 특징, 이야기 속에서의 역할 등을 쓰는 활동이다. 먼저 책을 읽고 난 후 등장인물들에 대하여 이야기를 아이와 나눠 본다. 인물들의 성격적인 특징이나 외모적 특징, 이야기 속에서의 역할이나 일, 대사, 좋은 점 찾기 등을 다양하게 할 수 있다. 기억에 남는 인물이나 주인공, 또는 특징 있는 인물 한 명을 골라서 해도 좋다. 한 명만을 선택하는 경우 그 인물을 고른 이유를 물어 보자. 그러면 아이가 이야기 속에서 인물의 역할을 알고 서사적인 이야기의 흐름을 쉽게 파악하는 데 도움이 된다.

문장 만들기

문장의 일부분을 가리고 문장을 완성하는 활동이다. 책을 읽고 난 후 이 활동에 적합한 문장을 골라 특정 부분을 가린다. 아이의 수준에 따라 2~3곳을 가려도 좋다. 가려진 부분에 어울리는 다양한 말들을 넣어 문장을 완성하도록 한다. 문장을 읽는 동안 의미를 구성하기 위해 다양한 낱말을 사용하게 할 수 있다. 어휘력이나 문장력을 키울 수 있다.

언어지능과 관련된 도서

- 『개구리네 한솥밥』 / 백석 글 / 유애로 그림 / 보림
- 『기차 할머니』 / 파울 마르 글 / 프란츠 비트캄프 그림 / 유혜자 옮김 / 중앙출판사
- 『난 토마토 절대 안 먹어』 / 로렌 차일드 글 · 그림 / 조은수 옮김 / 국민서관
- 『바람이 살랑』 / 조미자 글 · 그림 / 국민서관
- 『석수장이 아들』 / 전래동요 / 권문희 그림 / 창작과 비평사
- 『심심해서 그랬어』 / 윤구병 글 / 이태수 그림 / 보리
- 『어처구니 이야기』 / 박연철 글 · 그림 / 비룡소
- 『에헤야데야 떡 타령』 / 이미애 글 / 이영경 그림 / 보림
- 『옛날 옛적, 호랑이 담배피던 시절에』 / 조은수 글 / 문승연 꾸밈 / 길벗어린이
- 『오늘은 무슨 날』 / 테이지 세타 글 / 하야시 아키코 그림 / 한림출판사
- 『오필리아의 그림자 극장』 / 미하엘 엔데 글 / 프리드리히 헤헬만 그림 / 베틀북
- 『입말로 들려주는 우리 겨레 옛이야기 1(언어편)』 / 이향숙 글 / 강은경 그림 / 영림카
  디널
- 『이 책을 절대로 열지 마시오』 / 미카엘라 먼틴 글 / 파스칼 르메트르 그림 / 토토북
- 『주먹밥이 데굴데굴』 / 고바야시 테루코 글 / 아카바 수에키치 그림 / 비룡소
- 『어린 음악가 폭스트롯』 / 헬메 하이네 글 · 그림 / 달리
- 『훨훨 간다』 / 권정생 글 / 김용철 그림 / 국민서관

5장

초등학교 2학년인 유진이는 유난히 그림 그리기를 좋아한다. 시간이 날 때마다 여러 가지 캐릭터나 무늬를 그리고 예쁜 색으로 장식한다. 학습지를 공부하고 난 뒤에 남은 공간 꾸미기를 즐길 뿐 아니라 색종이를 오려 여러 가지 도형 무늬를 만드는 것도 좋아한다.

유진이는 책을 읽은 뒤에는 독후감을 쓰는 것보다 등장인물 그리기나 마인드 맵 만들기, 광고 만들기, 표지 그리기 등 시각적으로 자신이 읽은 내용을 표현하는 것을 더 좋아한다. 그리고 표나 시각적인 상징들을 이용해서 정보를 그림으로 표현할 때 학습 내용을 더 잘 이해한다.

민석이는 설명서를 보고 블록들을 능숙하게 조립할 수 있으며, 수학 시간에 또래 친구들이 어렵다고 느끼는 도형 돌리기나 뒤집기 등을 쉽게 해결한다.

공간지능이란 유진이나 민석이처럼 낙서, 소묘, 그림, 조소와 같이 대상을 시각적으로 만드는 것을 즐기고, 그래프나 차트, 지도 등을 쉽게 이해하며, 시각적인 매체를 이용해 표현하고 학습하는 능력을 말한다. 시각적인 표현 외에도 모형, 다리, 집, 블록 조립과 같은 3차원 구성물의 조작을 좋아하며, 대상의 형태를 머릿속에서 쉽게 변환하는 능력도 공간지능에 해당한다. 공간지능이 강점지능인 사람은 '새로운 관점'에서 다른 사물을 보는 능력이 뛰어나서 한 물체를 둘러싸고 있는 여백의 공간을 인식하거나, 한 형태 속에 숨겨진 또 다른 형태를 쉽게 찾는다. 그리고 겉으로 드러난 형태와 숨겨진 형태 모두를 동시에 인식하기도 한다. 이뿐만 아니라 정신적 이미

공간지능

글_ 윤혜연

지를 지각하고 생성하며, 그림으로 생각하고, 정보를 재생하는 방법의 하나로 시각적 이미지를 주로 사용하는 능력도 공간지능에 해당한다.

이와 같이 공간지능은 개인의 외부 혹은 내부에 존재하는 이미지들을 시각적 식별 능력과 인지 능력을 통해 받아들이고 적절히 조작하는 능력과 관계된다. 또 공간을 추론하거나 사고를 이미지화하는 기술들도 공간지능의 영역에 포함된다.

전통적인 학문의 입장에서 보면 공간지능은 주로 미술 영역과 많은 관련을 맺고 있다. 미술에서 이야기하는 외부 세계에 대한 지각, 상상력, 그리고 예술적인 표현력을 발달시키는 여러 가지 기술들은 공간지능을 향상시키는 데 도움을 준다. 그러나 오늘날에는 미술 영역 외에도 건축, 의학, 엔지니어링, 수학, 축구와 같은 운동 영역에까지도 공간지능을 필요로 하며, 역으로 이러한 다양한 상황 속에서 공간지능을 발달시키는 도구들을 발견하기도 한다. 맨체스터 유나이티드의 박지성 선수는 동료들에게 공간을 만들어 주는 데 능숙하다. 공을 가지고 있지 않을 때의 움직임이 창조적이다. 그는 상대 수비가 꼭 있어야 할 지점에 한 발 앞서 지키고 있다가 동료의 앞길을 터 준다. 박지성 선수가 이처럼 공간 활용 능력이 뛰어난 것은 공간지능이 높기 때문이다.

공간지능이 뛰어난 사람으로는 박지성 선수 외에도 르네상스 시대의 미술가이자 발명가인 레오나르도 다빈치, 물리학의 거장 뉴턴이나 파인 만, 스페인의 위대한 건축가인 가우디 등을 들 수 있다.

그림책에서 찾은 **공간지능**

1 이미지 만들기 : 레나 이야기

    T. 마리쿠르가 쓴 『색깔은 어떤 맛일까?』에는 시각장애인인 레나라는 여자 아이가 주인공으로 등장한다. 이 책은 레나가 색과 형태를 사물의 다양한 이미지와 연결하여 인식하는 과정을 그리고 있다. 레나는 시각적 이미지에 해당하는 여러 가지 색들을 후각이나 촉각, 청각, 미각과 같은 다른 감각 기관들을 통해 형상화한다. 여기에서 이미지란 심상이라는 말로 대신할 수 있는데, 사람들이 이전에 경험한 것을 바탕으로 마음속에서 만들어내는 상(像)을 말한다.

    세상에 대한 레나의 이미지는 다양하다. 레나는 세상의 혼란함을 서커스로 묘사하기도 하고, 밤의 정적과 멈춘 듯 흐르는 시간의 느낌을 달리는 마차 위에서 잠이 든 자신의 모습으로 나타내기도 한다.

레나의 이런 공감각적인 능력은 공간지능에서 말하는 '정신적 이미지를 지각하고 생성하며, 정보를 재생하는 방법의 하나로 다양한 이미지를 주로 사용하는 능력'과 관련이 있다. 정신적인 이미지를 지각하고 생성한다는 것은 어떤 사건이나 사물을 대할 때 자신의 생각이나 느낌을 잘 포착하여 이를 토대로 새로운 이미지를 형성하고 형성된 이미지 정보를 시각적인 방법으로 재생해내는 것을 말한다.

예를 들어, 인상파 화가들이 빛에 따라 시시각각으로 변하는 자연의 모습을 화폭에 담아내려고 노력했던 것이나, 피카소와 같은 추상파 화가들이 대상을 통해 새로운 정신적 이미지를 만들어내고 이를 그림으로 표현하려고 했던 것들도 공간지능의 발현이라고 할 수 있다. 레나는 앞을 볼 수 없기 때문에 이미지를 시각적으로 나타낼 수는 없지만, 대상을 느끼고 이미지를 만들어내는 능력은 매우 독창적이고 뛰어나다.

공감각적 이미지 만들기

레나는 하얀색을 다양한 감각으로 표현한다. 레나에게 하얀색은 새하얀 눈송이 맛이며, 몸을 오들오들 떨게 만드는 겨울 추위이다. 레나는 몸이 떨려올 정도로 추울 때면 "세상이 온통 하얀색이네." 라고 말한다. 동화책에 표현된 그림들은 레나의 마음속을 보여 준다. 레나에게 겨울은 향기나 맛이 느껴지지 않는 단순한 계절이다. 북극곰과 얼음집, 온통 하얀 세상에 무채색의 고양이, 이것이 레나가 만들어낸 겨울 이미지이다.

버터를 바른 빵, 우유, 크림 그리고 치즈를 먹을 때면 레나는 노란색을 떠올린다. 이때 레나에게 세상은 온통 환한 노란색으로 가득 찬다. 그림책에는 따뜻한 색의 동그라미로 장식된 화분, 노란 앵무새, 그리고 노란 벽지가 나온다. 세상을 밝히는 해님의 더운 기운도 레나에게는 또 다른 하나의 노란색이다.

하지만 금잔화나 튤립의 노랑은 좀 다르다. 꽃잎을 씹었을 때의 쌉쌀함이 노랑 안에 담겨 있다. 꽃잎을 씹었을 때의 느낌은 그림에도 잘 표현되어 있다. 꽃잎을 받쳐주는 꽃받침과 꽃대가 초콜릿색으로 표현되어 있는데, 이는 초콜릿의 쌉쌀한 맛을 생각나게 하여 또 다른 느낌의 노란색을 보여 주기 위한 장치가 된다.

레나는 시각장애를 가졌음에도 버터와 꿀이 가지고 있는 노란빛과 금잔화의 노란빛이 미묘하게 다르다는 것을 구별할 수 있는 능력을 가졌다. 레나에게는 색의 미묘한 차이를 느낄 수 있는 민감함이 있다. 이러한 민감성이 결국 공간지능을 높여주는 도구로 사용된다.

레나가 느끼는 까만색은 네모난 초콜릿이다. 처음 입에 넣었을 때는 쓴 맛이지만 곧 달콤함으로 입안을 가득 채우는 것, 이것이 검은 색에 대해 레나가 가진 이미지이다. 초콜릿은 맛뿐 아니라 모양과 질감 때문에 레나에게 더 중요하다. 네모난 모양의 반질반질한 느낌, 그리고 손끝에 느껴지는 촉촉함, 이 느낌은 레나가 강아지의 코끝을 만졌을 때의 감촉과 유사하다. 초콜릿은 레나에게 강아지의 코가 검고 네모난 모양일 것이라고 생각하게 해 주는 단서가 된다. 이것이 레나가 세상을 인식하고 이미지화하는 방식이다.

레나는 유사한 촉감과 맛, 그리고 향기로 세상을 나누고 그 이미지를 만들어 간다. 세상에 대한 정신적 이미지를 만들어 가기 위해 촉감과 미각, 후각 등 다양한 감각들을 활용하는 것이다.

이러한 방법으로 레나가 세상을 인식하는 것은 공감각적 기능이 우수하기 때문인데, 공감각이란 서로 다른 감각 사이의 연합을 말한다. 보통 사람들은 특정 감각 정보를 인식할 때 해당 영역만 활성화되지만, 공감각이 뛰어난 사람은 다른 영역도 함께 활성화된다고 한다. 이와 같이 서로 연관이 없어 보이는 다른 감각 간의 연결 고리를 찾아서 새로운 의미를 창출하는 것은 공간지능이 뛰어난 사람이 보이는 또 하나의 특징이다.

공간에 대한 추론

옆에 있는 그림은 어떤 사물의 일부분이 지워진 상태로 그려져 있는 것이다. 무엇을 그린 것일까?

정답은 컵이다. 처음에 이 그림을 보았을 때 컵으로 보이지 않았던 사람도 정답을 알고 나면 이 그림 속에서 컵을 볼 수 있다. 이것이 컵이라는 것을 아는 순간 우리는 컵 이미지를 머릿속에서 불러오고 이 그림의 원시 요소를 조합하여 컵을 찾아낸다. 즉 기억을 활용하는 것이다. 공간에 대한 추론도 이러한 방식으로 일어난다. 건축가가 건물의 외관만 보고 평면도나 단면도를 그려낼 수 있는 것도 이러한 방식의 공간 추론이 가능하기 때문이다.

레나가 세상을 인식하는 방법도 이와 비슷하다. 레나는 세상은 이해하기 힘든 곳이라고 말한다. 레나가 세상을 이해하기 힘든 것은 마치 레나의 세상에 대한 그림이 위의 컵처럼 부분부분이 끊어져 있는 불완전한 형태이기 때문일 것이다. 레나는 이러한 세상의 단편들을 모아 아주 근사한 그림을 완성하고 있다.

레나의 바다는 이런 과정을 통해 만난 또 다른 세계이다. 레나는 한 번도 바다를 본 적이 없다. 하지만 바다에 관한 이미지는 분명하게 갖고 있다. 레나가 바다를 상상할 때 그 빈 공간을 채워 준 것은 레나의 방에 깔려 있는 카펫의 파란색이다. 부드럽고 작은 카펫 위에서 레나는 "바다를 항해하고 있다."고 이야기한다. 레나는 오빠의 이야기를 듣고 바다를 그린다.

"레나, 바다는 아주 많은 물로 되어 있어. 끝도 없이 많은 물. 파랗고 푸른 물."

레나는 생각한다. 바다는 끝없이 펼쳐진 파란색 물일 거라고. 그리고 그 물은 작은 카펫처럼 부드럽게 물결칠 것이라고. 카펫의 부드러움은 레나에게 바다를 연상하게 하는 중요한 단서이다. 그림을 보면 바다 한 가운데 조개가 떠 있고 그 안에 강보에 쌓인 아기가 누워 있다. 조개 속 아이는 아마도 레나 자신일 것이다. 어릴 적 엄마 품에 안겨 부드럽게 흔들리며 잠이 들 때의 느낌이 바로 레나에게는 카펫의 부드러움이며 바다의 출렁임이다. 레나는 '아주 많은 물, 파란 물, 파란 카펫, 카펫의 부드러움, 파도의 출렁임'을 조합하여 바다라는 공간을 완성한다. 이와 같이 빈 공간을 추론하여 공간을 완성하는 능력은 공간지능의 중요한 영역 중 하나이다.

창의적 이미지 만들기

레나에게 세상은 서커스의 이미지로 형상화된다. 혼란 속에 보이는 질서와 기분 좋은 웃음 그리고 축제. 레나에게 밝은 세상은 갖가지 맛과 향과 촉감으로 가득한 곳이고, 즐거움이며, 어지럽게 돌아가는 축제와 같은 것이다.

한편 레나에게 빛이 사라진 밤은 또 다른 세계이다. 레나의 밤을 보여 주는 그림은 그것만으로도 무척 아름답다. 그림 속에서 밤을 상징하는 부엉이들이 지구를 끈으로 엮어서 끌고 가고, 레나는 지구와 연결되어 있는 마차 위에서 잠을 자고 있다. 레나 주변에는 시계들이 마치 또 다른 행성인양 떠 있는데, 자세히 보면 각각의 시계들이 가리키고 있는 시간이 다 다르다. 밤에는 마치 시간이 정지된 듯 느껴지지만 분명히 흘러가고 있다는 레나의 느낌을 잘 보여주는 상징들이다. 이 그림은 레나가 잠이 들어 있어도 세상은 조용하고 어두운 가운데 여전히 움직이고 있다는 것을 의미한다. 레나는 이렇게 낮과 밤에 대한 독창적이고 창의적인 이미지를 가지고 있는 아이이다.

레나는 세상을 자기 나름대로 인지하고 독창적인 이미지를 만들어 가고 있다. 이러한 독창성은 전혀 생소하지 않고 오히려 우리가 미처 깨닫지 못한 세상의 아름다움을 잘 보여 주고 있다. 레나의 독창적 이미지는 우리를 놀라게 한다. 레나는 어느 누구보다도 공간지능이 뛰어나다.

이 이야기는 무채색의 겨울에서 시작되어 무지개색으로 가득 찬 여름으로 끝이 난다. 레나는 세상을 살아가면서 이 이야기처럼 점점 더 많은 이미지들로 자신의 세상을 꾸며가게 될 것이다. 그리고 레나의 말처럼 '오빠들이 눈을 손으로 가리고서는 도저히 볼 수 없는 신비스러운 것들'을 찾아갈 수 있을 것이다.

활용한 도서 : 『색깔은 어떤 맛일까?』 / T. 마리쿠르 지음 / 타자나 메 위스 그림 / 해솔

이미지 연상하기와 표현하기

이미지 활동은 크게 이미지 연상하기와 이미지 표현하기로 나눈다. 흔히 아이들은 외부나 내부에서 어떤 자극을 받으면 이 자극에 대해 일정한 이미지를 연상하게 된다. 연상된 이미지는 그림이나 몸짓 혹은 언어 등 다양한 방법으로 표현할 수 있다. 그런데 언어라는 것은 고도의 상징성을 내포하기 때문에 아이의 연령이 어릴수록 언어보다는 그림이나 몸짓 등으로 표현하는 것이 더 수월하다.

효과음 중 '쫓고 쫓기는 상황'에 주로 사용되는 음악이 있다. 어린이들이 좋아하는 만화 〈톰과 제리〉에서 자주 들을 수 있는 효과음이다. 전문가용 음반을 구입할 수도 있고, 필요한 경우 컴퓨터를 이용해서도 들을 수 있다. 먼저 음악을 듣기 전 아이들과 여러 동물의 울음소리를 흉내 내어 본다. 그리고 나서 눈을 감고 편안한 자세로 준비한 음악을 듣게 한다. 아이들에게 음악을 들으면서 떠올랐던 단어를 말해 보게 한다. 아이들은 음악을 듣기 전 동물들의 울음소리를 흉내 냈기 때문에 자연스럽게 고양이, 쥐, 도망, 과자, 아삭아삭 등과 관련된 낱말들을 떠올릴 것이다. 그러나 예상하지 않았던 단어가 나온다 하더라도 아이들의 다양성을 그대로 인정해 주어야 한다. 단어 연상하기가 끝나면 음악을 들으면서 떠올랐던 느낌을 몸짓으로 나타내게 한다. 아이들이 충분히 몸으로 표현하고 나면 어떤 상황을 표현한 것인지 이야기로 바꿔서 말하게 해 본다.

이 활동을 통해 아이들은 청각적 이미지를 언어적 이미지와 시각적 이미지로 바꿔 볼 기회를 가질 수 있다. 이런 이미지 만들기와 표현하기는 아이들로 하여금 다양한 감각을 이용하여 자신의 이미지를 표현하는 방법을 알 수 있게 해 준다.

손가락 그림 그리기

아이들의 오감을 발달시킬 수 있는 좋은 방법 중 하나가 바로 손가락 그림 그리기이다. 먼저 큰 전지와 다양한 색의 물감, 그리고 여러 가지 찍기 놀이를 할 수 있는 물건들을 준비한다. 아이들과 자유롭게 여러 가지 모양을 그리기도 하고, 찍기도 하며, 재미있게 그림 그리기를 해 본다. 처음에는 물감을 손으로 만져야 한다는 생각에 머뭇거릴 수도 있지만 곧 즐겁게 그릴 것이다.

아이들이 원하는 만큼 충분히 그림을 그리게 한 뒤 주위를 정리하고 아이들과 함께 사인펜과 흰 도화지를 준비해 자리에 앉는다. 손가락 그림 그리기를 주제로 하여 아이들의 느낌과 연상되는 이미지들을 떠올리며 마인드 맵을 만들게 한다. 마인드 맵 그리기는 앞서 했던 활동을 주제별로 정리해 주는 효과가 있을 뿐만 아니라, 유사한 이미지들을 계속 덧붙여나가며 연상하는 작용을 활발하게 해 주는 장점이 있다. 공간지능이 높은 아이들은 마인드 맵 그리기를 좋아한다. 그들은 아름다운 작품처럼 그들이 가진 생각들을 기호나 표로 만들어낸다.

게 모양

공작 새 모습

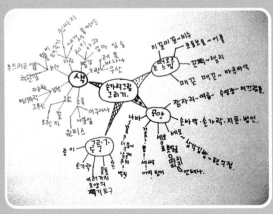

마인드 맵

2 그림으로 나타내기

에릭 바튀의 『빨간 고양이 마투』는 고양이 마투와 아기 새의 우정과 사랑이라는 잔잔하고도 부드러운 주제를 선명한 그림과 색으로 아름답게 그려내고 있다. 아이들은 주제가 살아 있는 그림을 보며 이야기를 듣는 것과는 또 다른 그림책만의 세계로 빠져들 수 있을 것이다. 공간지능을 다루기 위해 『빨간 고양이 마투』를 선택한 이유는 책의 내용보다는 그림 때문이다. 책 속 그림을 보며 바닥선이나 하늘선에 대해 아이들과 이야기하거나 사물의 겹침이 어떻게 표현되었는지 등을 알아볼 수 있다. 또 달라진 그림 찾기 등으로 시간의 흐름을 느끼게 해 주고 그림을 감상할 때 여러 가지 선과 색에 대한 민감성을 길러 줄 수 있다. 그림에 대한 깊이 있는 감상은 공간지능의 한 영역인 '그림으로 표현하기'의 기본이 되어 대상이나 이미지 등을 그림으로 표현할 때에도 능력을 발휘할 수 있게 도와준다.

마투는 어느 날 우연히 발견한 새알을 바로 먹는 대신에 아기 새로 부화시켜 잡아먹으려고 계획한다. 그러나 그 생각과 달리 둘은 서로 친구가 되고 서로에게 없어서는 안 될 사이가 된다. 아기 새는 계절이 바뀜에 따라 다른 철새들을 따라 떠나게 되고, 마투는 떠나간 친구를 그리워하며 홀로 외롭게 지낸다. 그러던 어느 날 완전히 떠난 줄 알았던 아기 새가 어느 새 아빠 새가 되어 부인과 아기들을 데리고 마투를 찾아온다.

앞에서 살펴본 유진이나 민석이처럼 여러 면에서 공간지능에 강점을 보이는 아이도 있지만, 몇몇 특정 분야에서 공간지능을 잘 활용하는 아이들도 있다. 얼마 전 음악 동화를 듣고 '떠오르는 그림 그리기'를 할 때였다. 우리가 함께 들은 음악은 프라이어가 작곡한 〈휘파람 부는 사람과 개〉라는 곡이었는데, 대부분의 아이들은 그림의 가운데에 한 남자를 그리고 그 옆에 개를 한 마리 그려 넣는 정도로 작품을 완성했다.

그러나 은찬이의 그림은 어딘가 달라 보였다. 그림의 앞면에 뒷모습을 보이고 있는 듯한 사람이 크게 묘사되고, 그 뒤로 강아지처럼 보이는 작은 개가 사람에게 왼쪽 면이 조금 가려진 채 그려져 있었다. 은찬이는 강아지가 멀리 있기 때문에 작게 보이는 것이라고 설명하며 사람이 너무 커서 강아지가 다 보이지 않는다고 말했다. 같은 상황에서 아이들은 왜 다르게 느끼고 반응하는 것일까? 그것은 은찬이가 다른 아이들에 비해 선과 공간에 대해 민감하기 때문이다.

다양한 선에 대한 감각은 어떤 형태의 자극을 보고서 그것이 삼각형인지, 원인지, 얼굴인지 등을 구별해내거나 그 대상이 화면상 어디에 있는지를 알 수 있게 하는 역할을 한다. 예를 들면, 그림에 표현된 사물이 무엇인지 알고, 그것의 원근이나 구도상 사물의 겹침 정도를 알 수 있는 것은 이러한 선에 대한 민감성 때문이다.

바닥선과 하늘선

유치원 시기 아동들의 그림을 살펴보면 종이의 아래쪽에 일직선을 그리고 그 위에 사람이나 산, 나무, 자동차 등을 표현하는 경우가 많다. 그 이유는 사람이나 산, 나무, 자동차 등이 땅 위에 있다는 것을 표현하기 위한 것인데, 이때 땅을 표현하기 위해 그려진 바닥의 선을 바닥선(기저선)이라고 부른다.

『빨간 고양이 마투』에 나오는 그림들은 유치원 시기의 아동들이 그린 그림의 특징들을 잘 보여 주는데, 그 첫 단계가 바로 바닥선의 등장이다. 첫 장에 마투가 서 있는 위치와 나무들이 서 있는 위치 등이 모두 바닥선 위에 표현되어 있다. 그러나 유치원 시기가 되었다고 해서 모든 아동들이 바닥선을 그릴 수 있는 것은 아니다. 개인의 발달 정도나 강점지능의 차이에 따라 발현의 정도는 달라질 수 있다.

아이들이 그리는 바닥선은 대체로 분명하게 표현되는 경우가 많은데 비해, 하늘에 해당하는 선은 불분명하게 나타나는 경우가 많다. 아이들은 새나 해, 비행기들을 종이의 윗면에 적당히 배치하는데, 이는 하늘선이 땅만큼 명확하게 느껴지지 않을 뿐 아니라, 하늘과 땅 사이의 공간에 대한 개념을 아직은 그림에 제대로 표현하기 어려운 까닭이기도 하다.

공간지능을 강점지능으로 가지고 있는 아이라면 또래 아이들에 비해 바닥선이나 하늘선을 그림에 표현하는 시기가 좀 더 빠를 수 있고, 또 바닥선의 분할도 빠르게 진행되는 것을 볼 수 있다. 바닥선의 분할이라는 것은 공간의 깊이감을 표현하는 원근과도 관계되는 것으로, 서 있는 위치가 가까운 사물의 바닥선과 좀 더 먼 곳에 서 있는 사물의 바닥선이 분리되는 것을 말한다.

가까운 것과 먼 것

책의 그림을 보면 나무들이 매우 작게 표현되어 있는데, 이것은 나무가 상대적으로 먼 곳에 있다는 것을 보여 준다. 이것을 공간의 원근 표현이라고 하는데, 아동들에게서 원근법이 표현되는 시기는 대체로 12~13세 사이라고 알려져 있다. 물론 12~13세는 원근을 그림으로 표현할 수 있는 시기이고, 원근을 알아 보는 시기는 이보다 더 빠르다. 아동의 지각 발달 정도와 공간지능의 발현 정도에 따라 원근에 대한 인지와 표현은 달라질 수 있다.

겹침

　유치원 시기의 아동들이 어느 정도의 공간 개념을 가지고 있는가를 측정할 수 있는 또 하나의 도구는 중첩(이하 겹침)이다. 또래 집단기(9세 이상) 이전의 아동들은 보통 사물들을 나열하는 식으로 그림을 그리다가 성장함에 따라 사물을 겹쳐 표현한다. 앞에서 예로 들었던 은찬이의 경우 같은 9세 아동들이 미처 표현하지 못하는 사물의 겹침을 자연스럽게 표현했다. 겹침은 서로 덧놓이거나 포개어짐을 말한다. 예를 들어, 마투가 새알을 품고 있는 모습이 담겨 있는 그림을 보면 알이 마투의 다리에 가려져 일부분이 보이지 않는다. 이것이 바로 겹침에 해당한다.

　겹침에 관한 표현은 10, 11세에서 많이 나타나지만, 공간지능이 높은 아동들은 간혹 6, 7세 정도에 발견되는 경우도 있다. 아이들은 이미 경험적으로 알은 둥글다는 것을 알고 있기 때문에 비록 알의 일부분이 가려져 있어도 둥근 알의 형태로 지각한다. 그러나 지각은 되어도 겹침에 관한 표현을 하기까지는 많은 시간차가 있다. 이때 비슷한 경험을 하게 해 준다든지, 겹침이 나타나 있는 그림을 자주 감상하게 해 줌으로써 아이들의 공간지능 발달을 도울 수 있다.

변별

아동늘에 따라서 같은 책을 섭애도 관심을 보이는 엉역이 디르다. 이야기의 줄거리에 푹 빠져드는 아이가 있는가 하면, 이야기보다는 그림에 더 관심을 갖는 아이도 있다. 일반적으로 유아기의 아동들은 책을 볼 때 글보다는 그림에 관심을 갖는 경우가 많지만 같은 관심이라도 관심의 질은 다를 수 있다. 이야기의 내용을 이해하는 데 도움을 받기 위해 그림에 관심을 보이는 경우와 그림 자체에 관심을 보이는 경우는 전혀 다른 관심이다. 얼핏 보기에 마투의 이야기는 그림이 다양하게 보이지는 않는다. 그러나 이런 그림들 사이에서 아동이 미세하게 다른 점에 집중한다면 그 아동은 공간지능 요인을 가지고 있다고 볼 수 있다. 각 페이지마다 달라지는 마투의 표정이나 배경으로 등장하는 나무의 개수, 그리고 나무가 기울어진 방향 또는 태양의 위치 등도 모두 아이들의 관심을 끌 수 있는 요인들이다. 만약 아이가 각 페이지에 나오는 태양의 위치와 색으로 시간의 경과를 알아낼 수 있다면 공간지능이 상당히 발달해 있다는 것을 알 수 있다.

『빨간 고양이 마투』의 첫 페이지에는 노란 빛을 띠고 있는 하늘에 붉은 태양이 떠 있다. 다음 페이지에는 푸른빛으로 변한 하늘 가운데 노란 태양이 떠 있다. 그 다음 페이지에는 한결 커지고 짙어진 노란 빛의 태양이 배경 중간 위치까지 내려와 있다. 태양은 다시 짙은 노란색으로 변해 바닥선 바로 위까지 내려온다. 아기 새가 잠자리를 따라 날아가는 장면에 이르러서는 처음의 붉은 태양이 아주 흐려진 상태로 바닥선 위 나무와 같은 위치에 내려온다. 첫 페이지의 태양은 막 떠오른 붉은 태양으로 이 이야기의 시작이 새벽녘이라는 것을 보여 준다. 그리고 다른 페이지에 나오는 태양은 한 낮을 지나 저녁으로 향하고 있음을 색과 위치로 보여 준다.

공간지능 요인들을 가지고 있는 아이라면 우선 달라지는 태양의 위치와 색에 민감하게 반응할 것이고, 이를 통해 이야기에 나타나지 않는 시간의 흐름을 알아낼 수도 있다. 물론 이때 태양의 변화와 시간의 흐름을 연결하는 것은 공간지능만이 하는 역할은 아니다. 논리지능이나 자연친화지능도 많은 역할을 한다. 어떤 특정 영역에 강점을 보이는 아이들은 그 영역과 관련된 두세 가지 지능이 높게 측정되는 것이 일반적이다.

그 외의 것들

아기 새가 떠나가는 장면에서 멀리 배경으로 처리된 나무들을 살펴보면 나무 주변으로 같은 초록 계열의 많은 물체들이 떠 있는 것을 볼 수 있다. 이것들은 내용상으로 볼 때 떠나가는 한 무리의 철새일 수도 있고, 계절의 변화에 따라 낙엽이 지는 것일 수도 있다. 그런데 일반적으로 아이들은 이 물체들을 나무의 일부분으로 지각하는 경우가 더 많다. 이유는 그 물체들이 아기 새보다는 나무와 더 근접해 있고, 색깔도 나무와 비슷한 초록 계열이기 때문이다. 그러나 이때 아이가 이 물체들을 무엇으로 인지하는지 주목해 볼 필요가 있다. 아이가 물체들의 방향성을 인식하고 이야기의 흐름을 파악해 철새의 무리로 인지한다면 남다른 감상의 기능을 발휘하고 있다고 판단해도 된다.

아기 새가 떠난 뒤 마투는 아기 새가 그리워 겨울 눈밭을 서성거린다. 친구의 발자국을 찾아 보려는 것이다. 많은 새들이 발자국을 남겼지만 그것은 친구의 것이 아니었다. 발자국이 누구의 것인지를 알아낼 때도 공간지능이 발현된다. 외형적으로 다른 형태들 사이, 혹은 동떨어진 두 경험 사이에 존재하는 유사성을 찾아낼 수 있는 공간적 지각 능력이 필요하기 때문이다.

그러던 어느 날 마투는 귀에 익은 노래 소리를 듣게 된다. 아기 새가 돌아왔기 때문이다. 그러나 아기 새는 더 이상 예전의 모습이 아니다. 예쁜 아내와 귀여운 새끼들을 다섯이나 거느린 아빠 새가 되었다.

대부분 아이들은 이야기를 듣지 않아도 이미 이 새들이 한 가족임을 안다. 단지 크기의 차이가 있을 뿐 색깔도 모양도 모두 똑같기 때문이다. 마투의 등에 앉아 있는 아기 새들은 쌍둥이처럼 닮아 있다. 다만 각각 바라보는 위치가 다를 뿐이다. 같은 모양이라도 보이는 위치에 따라 다른 모양으로 표현될 수 있다는 것을 알게 해 주는 그림이다.

활용한 도서 : 『빨간 고양이 마투』 / 에릭 바튀 글 · 그림 / 문학동네

에릭 바튀가 쓰고 그린 그림책 『빨간 고양이 마투』는 무엇보다도 강렬한 붉은 색이 아이들의 시선을 사로잡는다. 표지를 장식하고 있는 온통 붉은 색 고양이 마투는 고양이가 검거나 얼룩이 아니라는 점에서부터 아이들에게 색감으로 신선한 자극을 줄 수 있다. 표지 하나도 예사롭게 그냥 넘기지 말고 아이가 알고 있는 고양이의 색과 어떻게 다른지, 고양이가 빨간 색이기 때문에 어떤 느낌이 드는지 이야기하게 해 보자. 아이들은 이런 이야기를 통해 새로운 색의 활용을 알게 된다.

규칙성 찾기 – 패턴이 보여요

책을 한 장 넘겨 겉표지의 안쪽을 보면 9조각으로 분할된 이미지가 나온다. 각각의 분할된 면은 본문의 그림 중 일부분을 퍼즐 조각처럼 보여 주고 있다. 이 그림은 『빨간 고양이 마투』가 끝나는 마지막 부분, 즉 뒤표지 안쪽에도 똑같이 그려져 있으므로 두 개의 같은 그림을 다르게 활용해 볼 수 있다. 우선 책을 읽기 전에는 각각의 고양이 모습이 어떻게 다른지, 그리고 고양이의 어느 부분을 보여 주고 있는지 정도를 이야기 나누며 앞으로 나올 내용을 아이와 함께 예상해 보자. 면의 분할에 대해 좀 더 관심을 보이는 아이라면 9개의 퍼즐 조각이 어떤 규칙성을 가지고 있는지 함께 이야기해도 좋다. 이런 활동을 함으로써 장면의 인식과 유사성 찾기 등 감상의 영역을 발달시킬 수 있다. 퍼즐 조각들은 고양이의 신체 일부분과 얼굴의 확대된 모습을 반복적으로 배열하고 있다.

겹침 – 보이지 않아도 있어요

어느 날 마투는 길에서 새알을 발견한다. 새알은 하얗고 둥글다. 둥글고 하얀 것에는 어떤 것들이 있을까? 아이와 함께 주변에서 둥글고 하얀 것들을 찾아 보자. 둥글고 하얀 알을 바닥으로 굴리면 어떻게 될지 아이에게 예상하게 한 다음 주변에서 찾은 둥근 물건을 한 번 굴려보도록 한다.

주인공 마투는 새알이 너무 먹음직스러워서 한 입에 꿀꺽 삼켜버리고 싶었지만, 새알보다는 새를 먹는 것이 더 낫겠다는 생각에 알을 품기 시작했다. 그런데 꼬리로 감싸고 있는 알은 더 이상 둥글게 보이지 않는다. 그림 속 새 알은 왜 둥글게 보이지 않을까? 만약 알이 둥글지 않다면 바닥에 굴렸을 때 어떻게 될까? 함께 이야기를 나누고 고양이의 꼬리 아래에 감춰져 있을 나머지 부분을 상상해서 하얀 종이에 그리게 한 후 오려서 붙여 보게 한다. 이런 활동은 눈에 보이지 않는 공간을 알게 해 주고 중첩의 의미를 이해할 수 있게 도와준다.

차원의 변화 – 종이 접기
아기 새가 껍질을 깨고 나오는 그림과 관련해서는 아이들에게 부피와 관련된 질문들을 해 보는 것이 적당하다. 아이들이 원과 구의 차이를 느낄 수 있도록 도움을 주는 질문들을 나눠 본다.
"어머, 아기 새가 나왔네. 아기 새는 어디에서 왔을까?"
"알에서요."
"그럼, 아기 새가 살고 있던 알 집을 우리 한 번 그려볼까?"
아이에게 흰 종이를 이용해 알을 그려서 오려 보게 한다. 대부분의 아이들은 둥근 원을 그려 오릴 것이다. 이때 작은 새 인형이나 종이로 만든 새를 준비해 두어야 한다.
"그럼, 지금부터 이 작은 새를 알에 넣어 보도록 할까? 새가 알을 깨고 나오기 전에 살고 있었던 것처럼."
어떤 아이는 당황할 것이고, 어떤 아이는 둥근 원 위에 새를 올려놓는 정도로 과제를 수행할 것이다.
"○○는 새를 알 위에 올려놓았구나. 그럼 아까 아기 새가 알 속에 살고 있을 때 그림과 한 번 비교해 볼까? 어때? 똑같은 모양일까? 무엇이 다르지?"
"좋아, 그러면 우리가 아기 새의 알 집을 만들어 주도록 하자."

조력자는 종이 접기로 공 만들기 시범을 보인다. 그리고 종이 공의 윗부분을 잘라낸 뒤 아이들로 하여금 아기 새를 공 속에 넣어 보도록 한다.

"와, 이제 아기 새가 알 속에 쏙 들어갔구나. 그림 속 알은 둥글게 보이지만, 사실은 이렇게 공처럼 생긴 거야. ○○도 직접 아기 새와 알 집을 만들어 볼까?"

아이와 종이 공과 새 접기 놀이를 함께 한다. 종이 접기는 공간지능을 길러주는 매우 훌륭한 방법이다. 2차원의 면을 3차원의 입체로 바꿔 줌으로써 아이들에게 다차원적 경험을 하게 할 뿐 아니라, 창의적인 면과 손의 기능을 이용한 두뇌의 발달을 돕는다.

종이 공

새 집

3 창의력 키우기 : 다빈치 이야기

　르네상스 시대의 천재 화가인 레오나르도 다빈치는 역사적으로 공간지능에 관련된 특성을 가장 잘 보여주었던 인물이다. 공간지능을 강점으로 가지고 있는 사람들은 다양한 특성을 보이지만 그 중에서도 특징적인 몇 가지 공통점이 있다. 사물을 관찰하여 무엇인가를 배운다는 것, 그리고 '새로운 관점'에서 다른 방법으로 사물을 본다는 것, 또 실재적인 방법과 추상적인 방법으로 구상하는 데 능하다는 것 등이다. 그리고 이런 모든 것들을 능숙하게 사용하여 시각적 공간 매체 또는 예술 작품에 새로운 형식을 창조하기도 한다.

　레오나르도 다빈치는 화가였을 뿐만 아니라 발명가이며 건축가였고 교량 설계자이기도 했다. 안토니오 테요의 세상에 빛이 된 사람들 9권 『르네상스 시대의 천재 레오나르도 다빈치 편』은 역사적으로 가장 위대했던 공간지능자의 경험과 창조적인 작업 과정을 보여 준다. 그리고 이를 통해 창조적 사고란 본질적으로 어떤 것인가를 알게 해 준다.

내가 사는 시대와 소통하기

21세기는 '다양성'과 어디든지라는 뜻의 라틴어 '유비쿼터스'를 빼놓고는 이야기하기 어렵다. 이처럼 어느 시대나 그 시대를 살아가는 사람들의 보편적 가치를 대변하는 것들이 있는데, 이를 시대정신이라고 한다. 어느 시대를 살았던 인물의 행적을 이해하기 위해서는 시대정신을 이해하는 것이 필수적이다. 왜냐하면 한 시대를 풍미했던 인물의 업적은 그 시대가 요구했던 시대정신을 이끌어내는 결과가 되었기 때문이다.

레오나르도 다빈치가 살았던 르네상스 시대의 시대정신을 한 마디로 이야기한다면 바로 '인간과 자연에 대한 관심과 지식'이라고 할 수 있다. 레오나르도 다빈치는 시대가 원하는 것이 무엇인지를 아주 잘 이해하고 있었던 인물이다. 그는 인간과 자연에 대한 관심, 그리고 그에 대한 해박한 지식을 바탕으로 세상을 바꾸고, 그 지식을 새로운 사회 상황에 맞추어 잘 살려 쓸 줄 아는 사람이었다.

관찰하고 해석하기

상소늘 위해서 레오나르노 다빈지는 보고 관찰하는 법을 배우는 것이 기본이라고 생각했다. 왜냐하면 우리 주변의 공간과 사물은 우리의 눈과 자세에 따라 달라지기 때문이다.

보는 것과 관찰하는 것을 배우고, 경험하는 것을 배우는 것은 곧 그가 가진 재능을 발현시킬 수 있는 계기가 된다.

왜 대기의 변화가 멀리 떨어진 사물의 색깔을 바꾸는 것일까? 소리의 어우러짐에는 어떤 비밀이 있을까? 레오나르도 다빈치는 해답을 얻기 위해 몇 시간씩 그 자리에 가만히 서 있기도 했다. 이런 모든 것은 세상의 진리를 좀 더 알아내고 그것을 자신의 예술에 담고 싶어 했던 그의 마음을 보여준다. 그는 예술은 우리가 살고 있는 세상을 가장 진실하고 아름답게 담아낼 수 있어야 한다고 생각했다.

그러나 모든 관찰이 창조로 이어지는 것은 아니다. 관찰이 창조로 이어지기 위해서는 관찰의 결과를 해석해내는 일이 무엇보다도 중요하다. 같은 관찰의 결과를 두고도 어떤 사람은 과학적인 증명을 위해 그것을 사용하고 어떤 사람은 그 안에 담겨 있는 논리의 발견을 위해 활용한다. 그러나 공간지능이 높은 이들은 관찰의 결과를 완벽하게 아름다운 형상의 창조를 위해 사용한다. 이것이 바로 해석의 문제이다.

다빈치의 유명한 〈인간의 형상에서〉라는 노트를 보면 그가 얼마나 뛰어난 관찰자였으며 얼마나 뛰어난 해석가였는지 알 수 있다. 그는 후원자였던 프란체스코 스포르차를 위해 당시로서는 가장 거대한 조각상을 계획하고 있었다. 이 조각상은 8미터에 달하는 기마상인데, 이것을 구상하며 그는 해부학과 생리학, 그리고 인체의 비율에 대해 아주 깊이 있는 연구를 하게 되었다. 그는 두 명의 젊은이를 모델로 삼아 치수를 재고 마침내 인체 치수의 비율을 얻었다. 그리고 당시 완벽한 인간의 몸으로 여겨지던 비투루비우스의 〈사람〉과 비교하여 자신의 그림을 만들어내기도 하였다.

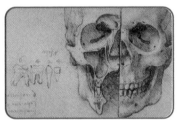

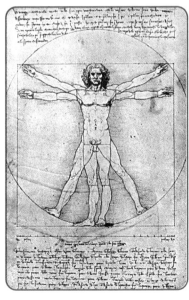

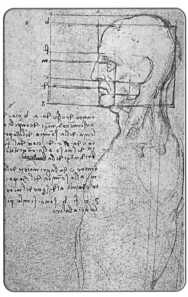

결국 레오나르도 다빈치는 인간의 몸을 연구하고 완벽한 비율을 만들어서 그가 인간의 몸에서 느낀 아름다움을 다른 사람들도 느낄 수 있도록 완벽한 비율의 인산을 조각 속에 담으려 했다. 즉 관찰의 결과를 미적으로 해석하려 했다. 오늘날까지도 우리가 다빈치의 그림을 보며 그 안에서 인체의 아름다움을 느낄 수 있는 것은 그의 끊임없는 연구와 관찰, 그리고 결과에 대한 미적 해석이 가져다 준 선물 덕분이다.

경험하기

관찰하기만큼이나 다빈치에게 중요했던 또 하나의 예술적 도구는 경험하기였다. 그는 자신의 눈으로 보는 것만을 믿을 수 있다고 하였다. 그래서 그림을 그리거나 조각을 할 때 조금이라도 의심이 가는 부분이 있으면 자기 자신을 모델로 삼아 직접 경험해 보았다고 한다.

직접 경험해 보는 것과 관련한 유명한 일화가 있다. 그가 〈최후의 만찬〉이라는 벽화를 그릴 때의 일이다. 그 일을 맡은 다빈치 일행은 그림을 그리기로 한 수도원에서 2년 동안이나 빈둥대며 그림 그릴 생각을 하지 않았다. 빈둥댈 뿐만 아니라 수도원의 포도주와 식량을 모두 먹어치워서 수도사들의 불만이 점점 더해져 갔다. 그림을 부탁한 루도비코가 보다 못해 다빈치에게 왜 그림을 그리지 않느냐고 묻자 다빈치는 벽에 그릴 그림이므로 벽이 어떻게 이루어졌는지, 계절에 따라 벽이 어떻게 달라지는지 알아야 한다고 이 야기했다. 그리고 최후의 만찬에 올려질 음식과 포도주가 어떤 종 류인지도 알아야 하고, 어떤 맛일지에 대한 확신이 필요하다고 했 다. 음식과 포도주가 입 안에서 주는 느낌과 맛과 색깔을 표현하기 위해서라고 설명했다는 것이다. 2년 가까운 시간 동안 생각하고 연구한 보람은 있었다. 넓디넓은 화폭에 펼쳐진 작품은 그때까지 그려진 어느 〈최후의 만찬〉과도 비교할 수 없었다. 사실적인 부분 뿐만 아니라 예수 그리스도의 말씀이 제자들에게 미치는 영향까지 눈에 잡힐 듯 그려냈다는 찬사를 듣기에 충분했다.

일정하게 반복되는 모양 찾기

공간지능이 높은 사람들에게 있는 공통적인 특징 중 하나는 일 상적인 현상 속에서 그와 관련된 패턴을 찾아내는 능력이 뛰어나 다는 것이다. 레오나르도 다빈치도 이런 패턴을 인식하는 달인이 었다. 그는 이야기했다.

"벽에 낀 얼룩이나 종류가 다른 돌들이 만들어내는 문양 속에서 하나의 장면을 떠올릴 수 있다. 산과 강, 바위, 나무, 평야, 넓은 계 곡, 언덕으로 이루어진 풍경과의 유사성도 발견할 수 있다. 그런가 하면 전투 장면이나 움직이는 형상, 기이한 얼굴과 의상, 그 밖의 어떤 완벽한 형상으로도 환원될 수 있는 무한히 다양한 대상들이 보일지도 모른다."

일상적인 상황 속에서 반복되는 일정한 모양을 찾아내거나 모양들 사이의 관련성을 찾아내는 것을 패턴 인식이라고 하는데, 이는 앞에서 살펴본 '관찰과 해석'의 결과이다. 예술가들은 이런 패턴을 반복하거나 해체하거나 아니면 서로 다른 패턴들을 함께 사용함으로써 새로운 질서들을 만들어간다.

차원적 사고하기

레오나르도 다빈치는 그림이란 사람들에게 사실적 환상을 만들어 주어야 한다고 생각했다. 그림이 사실적 환상을 갖기 위해서는 그 안에 깊이감과 거리감이 있어야 하는데, 이를 위해 그가 사용한 방법이 바로 원근법이다. 원근법으로 그림을 표현하기 위해 그가 사용하던 격자를 댄 광학기구를 '레오나르도의 창'이라고 부른다. 원근법의 사용으로 사람들은 2차원적인 종이 위에 그려진 그림을 보면서도 3차원적인 사실적 환상을 갖게 된다. 이 원근법을 이용해 입체를 평면으로 나타낸 그림이 〈동방박사의 경배〉이다.

다빈치는 그림 이외에도 건물이나 기계의 설계에도 능했던 것으로 알려져 있다. 그는 밀라노로 떠나기 전에 로렌초 데 메디치를 위해 군대 기술자 일을 맡은 적이 있었다. 그때 메디치에게 여러 가지 요새와 전투 기계의 설계도 등을 그려 보냈는데, 이때 메디치가 쉽게 이해하도록 밀가루와 설탕 반죽으로 만든 모형도 함께 만들어 보냈다고 한다.

설계도는 요새나 기계 등 3차원적인 물체를 2차원 평면에 표현한 것이다. 공간지능이 높은 사람들은 설계도만 보아도 그 실제 모습을 쉽게 연상해낼 수 있지만 일반적인 사람들은 그렇지 않다. 다빈치는 메디치와의 소통을 위해 그가 설계도를 좀 더 쉽게 이해할 수 있도록 모형을 만들어 보냈다.

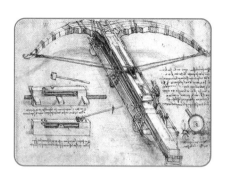

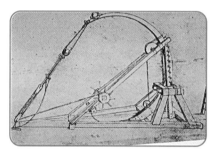

이처럼 공간지능이 높은 사람들은 점, 선, 면의 2차원과 공간과 부피의 3차원을 넘나들며 자유롭게 자신의 생각을 표현해내는 능력이 뛰어나다.

로버트 루트번스타인과 미셸 루트번스타인은 인류 역사상 가장 창조적이었던 사람들의 생각의 도구에 대해 이야기하며 그들이 무엇

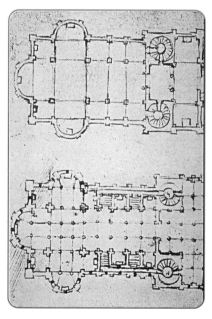

인가를 창조해낼 때의 과정을 다음과 같이 일반화하여 소개하고
있다(『생각의 탄생』, 에코의 서재).

> 관찰 → 패턴 인식 → 차원적 사고 → 상상 → 감정 이입 → 새로운
> 패턴 형성 → 유추 → 모형 만들기

　용어들은 조금씩 다르지만 공간지능자의 여러 특징들이 위에 제
시한 창조의 과정 속에 들어 있음을 알 수 있다. 레오나르도 다빈
치는 천재였으므로 이런 과정들이 빠르게 자동적으로 일어났다.
우리가 다빈치처럼 될 수는 없을지라도 그가 '관찰을 통해 만들어
진 결과를 시대정신에 맞추어 공간지능적으로 해석해 가는 과정
들'을 보고 활용할 수 있도록 훈련한다면 일반적으로 공간지능을
발달시키고 창의적으로 사고하는 데도 유용하게 이용할 수 있을
것이다.

활용한 도서 : 『르네상스 시대의 천재 레오나르도 다빈치』 /
안토니오 테요 글 / 후안나 보카르도 그림 / 주니어김영사

찰흙으로 움직이는 사람 만들기

아이들과 움직이는 사람의 모양을 찰흙으로 만들어 보자. 우선 어떤 움직임을 나타내고 싶은지 이야기해 보고, 그 움직임을 몸으로 표현해 보도록 한다. 그리고 움직일 때 어떤 특징들을 표현해야 하는지 아이와 충분히 이야기한 후, 철사로 뼈대를 만들고 그 위에 찰흙을 입히게 한다. 다음은 '생각하는 사람'을 표현하고 싶어 했던 유진이의 창작 과정을 사진으로 담은 것이다.

사람 포즈

철사 포즈

사람 작품

상자 만들기

아이들과 종이로 상자 만들기를 해 보면 입체와 평면도 사이의 관계를 쉽게 이해할 수 있다. 우선 집에 있는 상자를 분해해 평면으로 만들어 본다.

아이와 평면도를 어떻게 그리면 또 다른 방법으로 상자를 만들 수 있을지 이야기해 보고 함께 펼친 그림을 그린다. 그리고 펼친 그림을 오려 상자를 만들어 본다. 이런 과정을 통해 아이는 차원적 사고하기의 기본을 익힐 수 있다.

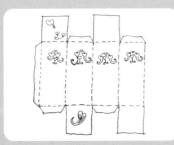

펼친 그림

상자 오리기

상자 완성

공간지능과 관련된 도서

- 『깊은 밤 부엌에서』 / 모리스 샌닥 글 · 그림 / 시공주니어
- 『조그만 발명가』 / 현덕 글 / 조미애 그림 / 사계절
- 『나무 사람』 / 멜라니 켐러 글 / 토토북
- 『내 그림자에 오줌 싸지 마』 / 장 피에르 케를로크 글 / 파브리스 튀리에 그림 / 문학동네
- 『내가 좋아하는 장소에게 : 건축가 김수근 이야기』 / 이민아 글 / 오정택 그림 / 샘터사
- 『내가 처음 가 본 그림 박물관 1~6』 / 조은수 · 정하섭 글 / 길벗어린이
- 『노란 우산』 / 류재수 글 / 신동일 작곡 / 보림
- 『만희네 집』 / 권윤덕 글 · 그림 / 길벗어린이
- 『바다로 간 화가』 / 모니카 페트 글 / 안토니 보라틴스키 그림 / 풀빛
- 『보름달 음악대』 / 옌스 라스무스 글 · 그림 / 비룡소
- 『사각형 – 수학, 과학, 자연에서 찾는 도형)』 / 캐서린 셀드릭 로스 글 · 그림 / 비룡소
- 『삼각형 – 수학, 과학, 자연에서 찾는 도형』 / 캐서린 셀드릭 로스 글 · 그림 / 비룡소
- 『오늘은 무슨 날』 / 테이지 세타 글 / 하야시 아키코 그림 / 한림출판사
- 『와! 신나는 세계 여행』 / 마를렌 라이덴 글 · 그림 / 중앙출판사
- 『이상한 집』 / 최승호 글 / 송명진 그림 / 비룡소
- 『조그만 발명가』 / 현덕 글 / 조미애 그림 / 사계절
- 『초롱이와 함께 지도 만들기』 / 로렌 리디 글 · 그림 / 미래아이(미래M&B)

6장

수 진이는 궁금한 것이 많다. 왜 추운 겨울에만 눈이 오는지, 씨앗을 심으면 어떻게 잎이 나오고 꽃이 피어 열매가 생기는지, 놀이터의 시소는 어떤 원리로 올라갔다 내려오는지 등 모든 것이 궁금하다. 수진이는 궁금한 것의 해답을 관찰이나 실험을 통해 찾으려고 한다.

수업 시간에도 궁금한 것이 있으면 "왜 그래요?"라고 궁금증이 풀릴 때까지 질문하여 선생님을 당황하게 하기도 한다. 아이들을 둘러 싼 일상에는 아이들의 논리수학지능을 키울 수 있는 요인들이 많다. 논리수학지능을 키우기 위해서는 일상생활에서 아이들이 보이는 호기심을 그냥 지나치지 말고 왜 그런지 이유를 생각해 보게 하고 해답을 찾을 수 있도록 격려해 주는 것이 중요하다.

수진이처럼 논리수학지능에 강점을 보이는 아이들은 여러 정보와 자료를 어떤 기준

논리수학지능

글_ 이은희

에 따라 분류하고 체계화하는 것에 뛰어나다. 또 사물의 인과관계를 밝혀내어 법칙
성을 찾아내고 논리적으로 문제를 잘 해결한다.

논리수학지능이란 문제의 원인을 논리적으로 분석하고, 수학적인 조작이나 과학적
인 방법을 통하여 문제를 해결하는 능력을 말한다. 즉 어떤 현상을 관찰하여 그 속
성을 분석한 뒤에 각각의 속성을 비교하고 분류하는 과정을 통해 서로의 연관성을
찾아 원인과 결과라는 논리성을 찾아내는 능력이라 할 수 있다. 수학적인 조작이란
숫자나 기호, 규칙, 명제와 같은 추상적인 개념을 말하고, 과학적인 방법이란 실험
을 통해 가설을 검증하고 일반화된 법칙을 찾아내는 것이다.

그림책에서 찾은 **논리수학지능**

1 논리적 사고하기

아서 가이서트가 쓴 『그림 도둑을 찾아라』에 나오는 주인공은 관찰력이 아주 뛰어난 꼬마 돼지이다. 이 꼬마 돼지는 수집한 정보를 가지고 추리를 잘하며, 자신의 생각을 논리적으로 설명하는 능력이 뛰어나다. 그림책을 보다 보면 꼬마 돼지가 범인을 찾기 위해 단서를 모아 분석하는 과정에서 관찰력이 얼마나 중요한지 알 수 있다.

문제를 해결하기 위해 논리적으로 생각하는 것은 중요하다. 논리적이라는 것은 어떤 사고나 추리를 이치에 맞게 끌어가는 과정이나 원리이다. 즉 논리는 다른 사람에게 자신의 생각이나 주장을 타당한 근거를 들어 설명하는 것이다.

타당한 근거를 찾기 위해 무엇보다 중요한 것은 관찰이다. 관찰은 어떤 목적을 가지고 유심히 살펴보는 것을 의미한다. 관찰은 눈으로 보고, 귀로 듣고, 코로 냄새를 맡고, 입으로 직접 맛을 보고, 손으로 물체를 만져 보는 등 오감을 사용하여 사물의 특징을 파악하는 직접 관찰 그리고 책, 인터넷, 신문, TV, 타인과의 대화와 같은 경로를 통해 특징을 파악하는 간접 관찰이 있다.

범인을 찾아내기 위해서는 단서가 많을수록 좋다. 단서가 많으면 그만큼 많은 정보로 범인을 찾을 확률이 높아지기 때문이다. 그러나 수집한 정보 중에는 문제를 해결하는 데 필요한 정보도 있고 필요하지 않은 정보도 있을 수 있다. 그러므로 문제 해결에 필요한 정보만을 가려내고 선택하는 것이 중요하다. 필요치 않은 정보는 사건을 해결하는 데 혼선을 주기만 할 뿐 도움이 되지 않는다.

『그림 도둑을 찾아라』에는 꼬마 돼지가 진짜 범인을 찾아내기 위해 주의 깊게 단서들을 모아 분석하고, 필요한 정보만 선택하고 추려내는 과정을 잘 보여 준다.

이상한 점을 발견했어요

꼬마 돼지는 모사(模寫)를 하기 위해 박물관에 간다. 모사란 그림을 똑같이 따라 그리는 것이다. 그림을 똑같이 그리기 위해서는 그림의 특징을 정확히 파악하고 세밀하게 분석해야 한다. 이때 가장 필요한 것은 관찰력이다. 꼬마 돼지는 모사를 자주 했기 때문에 다른 사람보다 뛰어난 관찰력을 지니고 있었다.

어느 날 꼬마 돼지가 모사할 그림을 찾고 있을 때였다. 그림을 유심히 살펴보던 꼬마 돼지에게 이상한 점이 눈에 띄었다. 누군가가 그림의 일부분을 오려내고 똑같이 그린 가짜 그림을 붙여 놓았다. 꼬마 돼지는 관리인 아저씨에게 이 사실을 알린다. 그동안 바뀐 그림이 너무나 감쪽같아서 누구도 그림의 일부가 도난당한 사실을 눈치 채지 못했다고 말이다.

관찰력이란 사물이나 현상을 주의하여 자세히 살펴보는 능력이다. 익숙한 것에서 낯선 것을 찾고, 특별한 것에서 일상적인 것을 찾도록 스스로에게 질문해 보는 것은 관찰력을 기를 수 있는 좋은 방법이다. 또한 시간에 따른 변화, 즉 날씨나 식물의 변화 등을 세세히 기록하는 것도 관찰력을 키우는 데 많은 도움이 된다.

단서 찾기

그림을 훔쳐간 범인은 누구일까? 범인을 찾기 위해서는 단서가 필요하다. 꼬마 돼지는 여기저기에서 증거가 될 만한 단서들을 모은다.

꼬마 돼지가 찾은 단서는 다음과 같다.

- 발자국
- 바닥에 긁힌 자국
- 사다리

- 사다리 틈새에 끼인 제법 길고 거친 털
- 먹다 버린 사과

　첫 번째 단서는 바닥에 있는 발자국과 자국이다. 바닥에 긁힌 자국은 사다리를 놓다가 생긴 것 같았다. 사다리 주변에는 바닥에서 본 것과 똑같은 발자국이 찍혀 있었고, 사다리 틈새에는 동물의 털이 끼어 있었다. 또 사다리 옆에는 먹다가 버린 사과도 있었다. 꼬마 돼지는 화랑의 여기저기에서 이런 흔적들을 찾을 수 있었다.

　단서란 사건을 풀 수 있는 실마리이다. 엉킨 실타래는 실이 꼬인 방향을 잘 관찰하여 좇아가야 매듭을 찾아 풀 수 있는데, 사건을 해결하는 것도 엉킨 실타래를 푸는 것과 비슷하다. 실이 꼬인 방향을 찾아가야 하듯 범인이 남긴 흔적을 하나도 놓치지 않고 좇아가야 범인을 찾을 수 있다. 단서 찾기란 범인을 찾기 위한 기초적인 작업이다. 이처럼 관찰에는 꼬마 돼지가 가진 치밀하고 꼼꼼한 자세가 필요하다.

범인을 찾아라

꼬마 돼지는 발자국의 모양이나 사과에 남은 이빨 자국을 분석한 후 범인이 너구리라고 단정한다.

꼬마 돼지의 말을 들은 관리인 아저씨들은 박물관 앞 사과나무에 살고 있는 너구리를 잡으러 간다. 하지만 사과나무를 샅샅이 뒤져보아도 너구리는 없었다.

그래서 꼬마 돼지는 사과나무 주변에 남아 있는 흔적들을 살펴본다. 나무 주변에 떨어져 있는 사과에는 누군가가 베어 먹은 흔적이 있다. 그 흔적은 커다란 이빨 자국이다. 단서들을 유심히 살펴보던 꼬마 돼지는 아까 찾은 단서와 일치하지 않는 이상한 점을 발견한다. 화랑에서 찾은 사과와 사과나무 주변에서 발견한 사과에 난 이빨 자국의 크기가 다르다.

이처럼 문제를 해결하기 위해서는 정보를 모으는 것도 중요하지만 모은 자료를 분석하고 통합하여 올바르게 추리하는 것이 더 중요하다. 그러기 위해서는 찾아낸 단서가 믿을 만한 것인지를 가려내야 한다.

꼬마 돼지는 찾은 단서를 그림으로 그려서 벽에 붙이고 관리인 아저씨에게 보여 준다. 여기에서 우리는 정보를 종합하여 다른 사람들이 찾지 못한 점을 찾아내는 꼬마 돼지의 뛰어난 관찰력과, 원인과 결과로 단서와 범인을 연관 짓는 논리적인 정보분석능력을 엿볼 수 있다.

논리적으로 설명하기

꼬마 돼지는 관찰을 통해 수집한 정보를 분석한 결과 자신이 모은 단서들이 서로 일치하지 않는다는 것을 알게 된다. 꼬마 돼지는 자신이 찾은 단서를 보여 주며 논리적으로 맞지 않는 점을 설명한다.

첫째, 발자국을 살펴보면 엄지발가락의 방향이 모두 한 방향으로 되어 있다. 오른발과 왼발의 엄지발가락은 서로 마주 보아야 한다. 그런데 꼬마 돼지가 찾은 단서의 엄지발가락은 모두 왼쪽에 있다. 따라서 발자국은 모두 오른 발이라고 볼 수 있다. 오른 발만으로 걸을 수 있을까?

둘째, 사과를 베어 먹은 자국의 크기가 다르다. 사다리 근처에 떨어져 있던 사과를 베어 먹은 자국은 아주 작지만, 박물관 앞에 있는 사과나무 옆에 떨어져 있던 사과를 베어 먹은 자국은 크다. 이로 보건대 동일한 인물의 소행이 아니다.

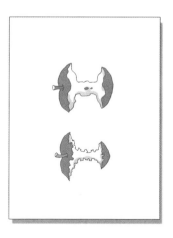

셋째, 사다리의 다리 네 개 중 하나는 부러져 있었는데, 바닥에는 사다리의 다리 네 개가 모두 선명하게 자국으로 남아 있었다. 그러므로 바닥에 찍힌 사다리의 흔적은 부러진 사다리의 자국이 아니다.

넷째, 박물관에 전시되어 있던 박제된 너구리의 꼬리털이 잘려 있다. 사다리에 끼여 있던 털은 잘려진 박제 너구리의 꼬리털로 보인다.

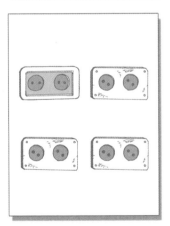

다섯째, 박제한 너구리가 있던 옆 벽면의 콘센트 모양이 다른 벽의 콘센트와 다르다. 그리고 콘센트 주변에 자국들도 많이 나 있는데 가까이 다가가서 살펴보니 콘센트는 가짜였다. 관리인 아저씨들이 쇠망치로 벽을 헐어 내고 안을 들여다 보니 여러 가지 물건들이 있었다. 가짜로 만든 오른 발, 털이 들어 있는 상자, 활과 줄, 쓰레기 자루와 삽 등. 모든 증거물이 다 그 안에 있었다. 그때 벽 뒤로 생쥐들의 식당이 보이는데 식당 벽에는 없어진 그림의 조각들이 걸려 있었다. 그림들은 전부 음식이 그려진 부분이다.

드디어 수수께끼가 풀렸다

그러면 누가 진짜 범인일까? 이 모든 증거들을 살펴보았을 때 진짜 범인은 생쥐이다. 생쥐들이 그들의 식당에 걸어놓기 위하여 그림을 훔쳐갔던 것이다. 생쥐들은 어떻게 그림을 훔쳐 갔을까? 꼬마 돼지는 나머지 증거물을 꼼꼼히 살펴보고 추리한다. 먼저 생쥐들은 가짜 너구리 발을 만들어 발자국을 찍었다. 하지만 한 쪽 발로 찍은 발자국은 엄지발가락이 모두 같은 방향으로 찍혀 있다. 또 생쥐들은 사다리 모양의 틀을 만들고 박제한 너구리 꼬리털을 잘라내어 일부러 사다리 틈에 끼워 넣었다. 사과도 베어 먹은 다음 사다리 주변에 떨어뜨려 놓았다. 너구리가 범인이라고 의심받도록 의도적으로 가짜 증거물들을 남겨 놓은 것이다.

꼬마 돼지가 범인을 찾아가는 과정을 통해 우리는 일반적으로 문제 해결을 할 때 어떤 과정을 거치는지 알 수 있다. 문제 해결을 하기 위해서는 먼저 필요한 정보를 수집해야 한다. 그러나 정보에는 문제를 해결할 수 있는 정보만 있는 것이 아니라 불필요한 정보도 포함되어 있으므로 유용한 정보를 가려내야 한다. 유용한 정보를 가려내는 세 가지 요소는 적합성, 일관성, 신빙성이다.

아이들은 꼬마 돼지에게 세밀하고 꼼꼼한 관찰 방법, 정보를 선택하고 종합하여 특이한 점을 찾아내는 예리한 분석력, 정보와 정보를 원인과 결과로 연관 짓는 뛰어난 논리력을 배울 수 있을 것이다.

활용한 도서 : 『그림 도둑을 찾아라』 / 아서 가이서트 글 · 그림 / 비룡소

책을 읽으면서 누가 그림을 훔쳐갔는지 아이들로 하여금 추리하게 한다. 아이들에게 단서를 어떻게 분석하는지 시범을 보인 다음 단서를 놓치지 않고 모두 찾아 직접 분석해 보도록 한다. 그리고 왜 범인이라고 생각하는지 물어 본다. 아이들은 대답을 하기 위해 자신의 주장을 뒷받침하는 논리적인 근거를 찾으려 노력할 것이다. 왜 그렇게 생각하는지 지속적으로 질문하면 아이들은 자신의 생각에 대한 타당한 근거를 찾으려 노력하게 되므로 자연스럽게 논리적으로 생각하는 훈련을 할 수 있다. 이때 아이의 생각을 존중하며, 아이들 스스로 탐구할 수 있도록 기다려 주어야 한다.

이번에는 아이들에게 과일의 표면을 손으로 만져 보게 한 후 느낌이 어떤지 말하게 한다. 그리고 과일을 보여 주어 과일의 모양과 색을 관찰하게 하고 직접 그려 보도록 한다. 다음은 눈을 감고 과일의 냄새를 맡고 혀로 맛을 본 후에 과일의 이름을 맞추게 한다. 이를 통해 아이들은 오감을 통해 관찰하는 연습을 할 수 있다.

과일을 자르면 어떤 모양일지 예측하게 한 후에 과일을 잘라 안이 어떤 모양인지 살펴보며 자신이 예측한 것이 맞는지 확인하게 하자. 그리고 자른 단면을 크레파스나 색연필을 사용하여 그려 보게 하자. 이때 아이들로 하여금 주의 깊게 관찰하며 특징을 찾아내어 그림을 그리게 해야 관찰의 중요성을 깨닫는다.

다음에는 아이들과 도구를 사용하여 측정해 보자. 도구를 사용하면 감각에 의존하여 관찰할 때는 보지 못했던 새로운 것을 알 수 있다. 돋보기, 계량컵, 저울, 자, 각도기 등 여러 가지 실험 도구를 사용하여 관찰하게 해 보자. 아이들이 실험을 즐거워할 뿐 아니라 좀 더 정확한 결과를 얻을 것이다.

돋보기를 사용하여 자신의 신체를 관찰하게 해 보자. 도구를 이용한 관찰을 통해서 아이들은 피부, 눈, 코, 입 등 그동안 자신이 미처 발견하지 못했던 모습을 보고 신기해 할 것이다. 밖으로 나가 아이가 흥미 있어 하는 벌레나 꽃, 나무 등을 살펴보게 한 후 실제 모습과 돋보기를 가지고 보았을 때의 모습이 어떻게 다른지 이야기하게 하자.

2 수학적 사고로 문제 해결 하기

　　존 버닝햄이 지은 『장바구니』는 수학적인 사고로 문제를 해결하는 논리수학지능이 잘 나타나 있는 책이다. 이 그림책에서는 다양한 수 개념과 수학적인 사고로 문제를 해결하는 주인공이 나온다.

　　어떤 것을 기억할 때 숫자로 저장을 하거나 복잡한 계산이라도 남보다 빨리 하는 등 수 개념에 밝은 것도 논리수학지능의 특징에 해당된다. '수'라고 하면 숫자를 사용하여 계산하는 것을 먼저 떠올리지만, 수 개념에는 숫자를 세는 것뿐만 아니라 사물이 갖고 있는 특징에 따라 서로 짝을 짓는 분류하기, 순서에 따라 구분 짓는 서수, 개수로 셀 수 없는 연속된 성질의 물체를 비교할 때 사용하는 측정 등도 포함된다. 아이들에게 수 개념을 암기하듯 가르치지 말고 일상생활에서 접할 수 있는 다양한 경험으로 깨우치게 해 보자. 그러면 아이들은 놀이를 하듯 자연스럽게 수 개념을 터득할 수 있다.

순서 정하기

📖 엄마는 스티븐에게 심부름을 시킨다. 25호에 쪽지를 전해 주고 가게에 가서 달걀 여섯 개, 바나나 다섯 개, 사과 네 개, 오렌지 세 개, 도넛 두 개랑 과자 한 봉지를 사오라고 하신다.

엄마는 스티븐에게 물건을 사오라고 심부름을 시키신다. 스티븐은 엄마가 사오라고 하신 물건을 하나도 빠짐없이 사와야 하기 때문에 무엇을 몇 개 사야하는지를 기억해야 한다. 스티븐은 어떤 것을 기억할 때 숫자로 저장하면 더욱 잘 기억하는 논리수학지능이 뛰어난 아이이다. 스티븐은 과자는 한 봉지, 도넛은 과자보다 하나 많은 두 개, 오렌지는 도넛보다 하나 많은 세 개, 사과는 오렌지보다 하나 많은 네 개, 바나나는 사과보다 하나 많은 다섯 개, 달걀은 바나나보다 하나 많은 여섯 개와 같이 물건별로 한 개씩 늘어나는 규칙을 찾았다. 그래서 스티븐은 이 수를 1, 2, 3, 4, 5, 6이라는 한 묶음의 수로 머리에 저장하고 하나씩 늘려 나가는 숫자에 맞추어 무슨 물건을 얼마만큼 사야하는지를 기억했다. 스티븐이 숫자를 크기에 따라 순서대로 배열하는 것을 서열화라고 한다. 순서에 따른 서열화는 크기의 증감에 따라 나열하는 것 외에도 시간 간격을 두고 일어나는 사건 등도 포함한다.

📖 스티븐은 엄마의 심부름으로 물건을 사기 위해 장바구니를 들고 가게로 간다. 엄마가 말씀하신 대로 25호에 쪽지를 전해 주고, 울타리 사이를 통과하여 쓰레기가 쌓여 있는 쓰레기통을 지나고, 도로에서 공사하는 아저씨를 지나고, 사나운 개가 있는 집을 지나 드디어 가게에 도착한다.

스티븐이 엄마의 심부름으로 물건을 사러 가게에 가려면 여러 장소를 지나가야 한다. 스티븐은 길을 헤매지 않고 잘 찾아갔다. 이 책에는 스티븐이 어떻게 길을 잃어버리지 않고 찾아서 갔는지 나오지 않지만, 논리수학지능이 높은 아이라면 장소를 기억할 때 거기까지 가는 동안 옮긴 발걸음 수나 걸린 시간 등 숫자와 연관된 것으로 기억을 한다. 예를 들어, 집에서 25호까지 걸린 시간은 얼마이고, 울타리까지 걸린 시간은 얼마이며, 거기서 얼마를 더 가야 쓰레기통을 지나는지, 또 거기서 가게에 도착하기까지 걸린 시간은 얼마인지 숫자로 기억을 한다.

심부름을 마치고 스티븐은 역순으로 집으로 돌아간다. 가게에서 나와 사나운 개가 있는 집을 지나고, 도로 공사를 하는 아저씨를 지나고, 쓰레기통을 지나 울타리 사이를 통과하여 집으로 돌아간다. 이처럼 시간을 두고 일어난 순서대로 배열하는 것도 서열화라고 할 수 있다. 처음에 스티븐이 가게로 가면서 지나친 장소를 순서대로 기억한다면 스티븐이 엄마의 심부름을 마치고 집으로 돌아오는 순서를 예측할 수 있을 것이다.

스티븐이 집으로 돌아오는 길에 한 장소를 지나칠 때마다 동물들이 나타나 자신이 원하는 물건을 달라고 한다. 스티븐이 가게를 나오자 곰이 나타나 달걀을 달라 하고, 다음에는 사나운 개가 사는 집을 지나는데 원숭이가 나타나 바나나를 달라고 한다. 처음에 스티븐이 가게로 간 순서를 반대로 짚어 보면 다음에는 스티븐이 어떤 곳을 지날지 알 수 있다. 스티븐이 지나가는 다음 장소는 도로 공사하는 아저씨가 있는 곳이며, 그 다음은 쓰레기통이 있는 곳, 그 다음은 울타리, 마지막으로 집이라는 것을 알 수 있다. 이처럼 사건들을 순서대로 나열하면 다음에 올 장면을 예측할 수 있다.

짝짓기

가게에 도착한 스티븐은 달걀 여섯 개, 바나나 다섯 개, 사과 네 개, 오렌지 세 개, 도넛 두 개, 과자 한 봉지를 산다. 이 책에는 그것이 한 눈에 알기 쉽게 분류되어 있다. 달걀 여섯 개가 맨 위에 그려져 있고, 그 다음에 바나나 다섯 개, 사과 네 개, 오렌지 세 개, 도넛 두 개, 과자 한 봉지 순으로 같은 것끼리 짝을 지어 순차적으로 그려져 있다.

그림에는 달걀, 바나나, 사과, 오렌지, 도넛, 과자를 같은 것끼리 구분하여 묶고 있다. 이렇게 구분하여 묶으면 사물의 특징을 알 수 있고, 어떤 기준으로 짝을 지었는지 한 눈에 볼 수 있다. 쉽게 이해하고 기억하는 데도 많은 도움이 된다. 이것은 어지럽게 널려 있는 서랍 속에서 물건을 찾기보다는 한 눈에 보기 쉽게 잘 정리된 서랍에서 물건을 찾기가 훨씬 쉬운 것과 같다.

아이들의 짝짓기 능력은 물건을 빨고 만지는 영아기부터 생성된다. 7세 이전의 아이들은 공통으로 갖고 있는 특징에 따라 짝을 짓거나 관련이 있는 것끼리 짝을 지을 수 있다. 이런 짝짓기 또는 관련짓기는 분류의 기초가 된다. 피아제의 주장에 의하면, 분류의 순서는 형태에서 색, 크기의 순서로 발달한다. 그러나 6~7세 이전의 유아들이 할 수 있는 분류 수준은 아직 불완전하고, 7~8세 이후가 되어야 비로소 가능해진다.

수의 규칙 만들기

스티븐은 가게에서 물건을 사가지고 나와 집으로 향한다. 집으로 돌아가는 길에 만난 동물들은 자신이 원하는 물건을 달라고 스티븐을 협박한다. 그러나 스티븐은 논리수학지능이 높은 아이여서 동물들의 특성을 잘 분석하여 약점을 찾는다. 그리고 약점을 이용하여 동물들을 골탕 먹이고 무사히 집으로 돌아온다.

이 책에는 달걀 여섯 개, 바나나 다섯 개, 사과 네 개, 오렌지 세 개, 도넛 두 개, 과자 한 봉지까지 개수가 많은 것부터 순서대로 역삼각형으로 물건의 양을 한 눈에 구별할 수 있게 그림이 그려져 있다. 이 물건들은 동물들이 원하는 물건을 달라고 할 때마다 하나씩 없어진다.

처음에 곰이 나와 달걀을 달라고 하자 스티븐은 달걀 여섯 개 중에서 하나를 던져 곰을 골탕먹인다. 그래서 달걀은 여섯 개에서 하나가 줄어 다섯 개가 되었다. 다음에는 원숭이가 나타나 바나나를 달라고 하자 스티븐은 바나나를 한 개 집 위로 던져 준다. 그래서 바나나는 한 개가 줄어 네 개가 되었다. 사과는 세 개로, 오렌지는 두 개로 이런 식으로 숫자가 하나씩 줄어든다.

앞에서 스티븐은 엄마의 심부름으로 가게에 가서 사야 할 물건을 기억할 때는 물건의 개수를 하나씩 늘려나가는 더하기의 규칙을 찾았다. 반대로 이번에는 물건의 수를 하나씩 줄여나가는 빼기의 규칙을 찾았다. 이러한 규칙을 찾으면 다음에 올 수를 예측할 수 있다.

많은 수를 셀 때는 하나씩 세는 것보다 일정한 양을 단위로 묶어서 세는 것이 더 효율적이다. 이렇게 일정한 단위로 묶는 규칙을 곱하기라고 한다. 반대로 같은 단위로 나누는 것은 나누기라고 한다.

이 책에서 스티븐은 더하기 규칙을 잘 찾았듯이 빼기의 규칙도 잘 찾았다. 더하기와 빼기는 짝을 이룬다. 수 개념에는 이렇게 짝을 이루는 경우가 있는데 논리수학지능이 높은 아이들은 한 쪽 개념을 알려 주면 짝을 이루는 반대 쪽 개념도 쉽게 습득한다. 예를 들어, 이런 아이들은 1, 3, 5, 7, 9가 홀수라고 알려 주면 2, 4, 6, 8, 10은 짝수라는 것을 금방 깨닫는다.

이런 규칙 찾는 연습을 많이 하면 논리수학지능을 높이는 데 도움이 된다.

활용한 도서 : 『장바구니』 / 존 버닝햄 글·그림 / 보림

일상생활에서도 여러 장면에서 더하기, 빼기와 같은 규칙을 찾아 볼 수 있다. 동생하고 빵을 나누어 먹으면서 빵이 전부 몇 개 있는지, 동생과 나누어 먹으려면 몇 개씩 먹어야 하는지 셈을 해 보게 한다. 똑같이 나누어 먹기 위해서는 빵 전체 개수에서 자신과 동생의 몫을 나누어야 한다. 그러면 '빵 전체 개수 ÷ 2'라는 규칙을 찾을 수 있다. 또한 빨래를 정리하면서 누구 옷이 가장 많은지, 얼마나 더 많은지 알아 보게 하자. 예를 들어, 아빠 옷이 5개, 엄마 옷이 6개, 아이 옷이 8개라고 하면, 엄마 옷은 아빠 옷보다 1개 많고 (6 - 5 = 1), 아이 옷은 아빠 옷보다 3개 많고(8 - 5 = 3), 엄마 옷보다는 2개(8 - 6 = 2) 많다는 것을 셈하게 한다. 이렇게 빼기를 해 보면 누가 가장 옷이 많은지 알 수 있다. 아이들이 일상생활의 다양한 경험을 수로 나타내고 그 속에서 수의 규칙을 찾을 수 있도록 해 보자.

서열화의 개념을 익히는 활동으로 아이들이 가장 쉽게 이해할 수 것은 시간에 대한 개념을 알게 하는 것이다. 하루 동안 일어난 일들을 말해 보고 카드에 간단히 적게 한다. 그리고 일이 일어난 순서별로 각 카드가 들어갈 자리에 끼워 보게 한다. 아이들은 순서를 찾으면서 일이 일어난 차례를 생각하게 되고 순차적으로 카드를 맞추면서 순차적인 시간의 흐름을 자연스럽게 알게 된다.

또는 아이의 성장 과정이 담긴 사진을 골라 성장해온 순서대로 맞추어 보며 몇 살 때의 사진인지 나이 순서로 배열하게 할 수도 있다. 이처럼 여러 가지 기준을 다양하게 적용하여 서열화의 개념을 가르칠 수 있다.

3 과학적 사고로 문제 해결 하기

파멜라 엘렌이 지은 『아르키메데스의 목욕』은 아르키메데스 가 발견한 '부력의 원리'를 아이들이 좋아하는 동물들을 등장시켜 이야기하고 있다. 또한 실험을 통해 과학의 원리를 찾는 과정 즉 과학적인 사고로 문제를 해결하는 논리수학지능의 대표적인 모습 을 보여 준다.

과학자들은 현상을 관찰하고, 가설을 세워서, 세운 가설이 참인 지 거짓인지 여러 번의 실험을 통해 검증한다. 과학적인 문제 해결 에서 중요한 것은 가설을 세우고 검증하는 것이다. 가설이란 어떤 문제에 대해 '이럴 것이다' 하고 생각하는 일종의 추측으로 아직 확인되지 않은 가정이다. 가설은 실험을 통하여 객관적으로 검증 해야 한다. 과학자들은 여러 번의 실험으로 가설을 검증하여 일반적인 법칙으로 이끌어낸다. 우리는 이러한 단계를 거쳐 만들어진 법칙으로 미래에 일어날 일들을 예측할 수 있다. 아르키메데스는 이런 과학적 사고가 뛰어나고 논리수학지능이 높은 사람이다.

왜 물이 넘칠까?

커다란 욕조에서 아르키메데스는 동물 친구들과 목욕을 즐긴다. 모두들 행복한 얼굴을 하고 있다. 그런데 욕조에서 물이 넘쳐 바닥으로 흘러내린다. 아르키메데스는 동물 친구들과 욕조에서 목욕하는 것을 좋아하는데, 목욕을 한 후에는 언제나 물이 넘쳤다. 아르키메데스는 욕실 바닥에 넘친 물을 닦으면서 도대체 이 물은 어디서 나왔는지 궁금해 한다.

아르키메데스는 바닥에 넘친 물을 닦으면서 그 물이 어디서 왔는지 궁금해서 주의 깊게 살펴본다. 이것은 사실을 관찰하는 단계이다. 관찰로 얻는 정보는 사물이나 현상의 특징을 분석하는 데 중요한 자료가 된다.

아르키메데스는 평소에 목욕을 할 때만큼 욕조에 물을 채운다. 그리고 막대기를 이용하여 그 깊이를 잰다.

하나, 둘, 셋과 같이 수를 사용하여 전체의 양을 알 수 있는 것도 있지만, 물, 흙, 공기, 시간 등과 같이 연속된 속성을 갖고 있는 것들은 수를 사용해서 전체의 양을 표시할 수 없다. 연속된 속성의 물질을 양으로 표시하는 것을 '측정'이라고 한다.

측정이란 도구를 사용하여 관찰하는 것이다. 측정 도구는 비표준화된 도구와 표준화된 도구로 구분할 수 있다. 아이들은 처음에는 직관으로 양을 비교하다가 어느 시점이 되면 우유 팩, 요구르트 병, 손바닥과 같은 비표준화된 도구를 사용하여 측정한다. 그러다 점차 저울, 계량 컵, 자와 같은 일정한 기준으로 규격화된 측정 도구를 사용한다.

초등학교 수학 과목의 학습 과정을 살펴보면, 처음에는 어림수를 사용하여 측정하게 하고 그것이 익숙해지면 표준화된 측정 도구를 사용하게 한다. 여기서 어림수란 대강 짐작으로 잡은 수를 말한다. 예를 들어, 책상의 길이가 얼마인지를 측정하는 데 처음에는 자신의 손바닥으로 몇 뼘인지를 재어 보게 한 다음 익숙해지면 표준화된 측정 도구, 이를테면 자를 사용하여 측정하게 한다. 이때 논리수학 지능이 높은 아이들은 어림수가 실제 측정치와 유사하다고 한다.

물이 많아진 이유는?

욕조에 담긴 물의 깊이를 표시한 다음 아르키메데스와 동물들은 다시 욕조에 들어간다. 그런데 물은 또 올라온다. 아르키메데스는 왜 물이 많아졌는지 이상하다. 동물들에게 다 나오라고 한 뒤 다시 물의 깊이를 재어 보니 물이 줄어 있다.

도구를 사용하여 관찰한 결과는 객관적이므로 타인을 납득시킬 수 있다. 아르키메데스는 목욕을 하기 전에 받아 놓은 물의 깊이와 자신이 동물 친구들과 욕조 안으로 들어있을 때 물의 깊이를 비교해 본다. 그리고 자신과 동물들이 욕조에 들어가기 전과 들어간 후에 달라진 물의 깊이에 대해 이상하게 생각한다. 이것은 앞에서 '왜 물이 넘칠까?' 하는 문제에 대해 재인식하는 과정이다.

아르키메데스는 동물들에게 욕조에서 다 나오라고 한 후에 물의 높이를 다시 관찰한다. 그리고 이런 여러 번의 관찰로 동물들이 욕조에 들어갔을 때와 나왔을 때 물의 깊이가 변한다는 사실을 다시 확인한다.

누구 때문일까?

아르키메데스는 누가 이렇게 욕조 물의 높이를 올라오게 하는 것인지, 다시 줄어든 물은 어디로 갔는지 궁금하다. 캥거루 때문일 것이라고 생각한 아르키메데스는 캥거루에게 욕조에 들어오지 말라고 한다.

아르키메데스는 '누구 때문에 물이 넘칠까?' 라고 자신에게 질문한다. '누구 때문' 이 원인이라면 '물이 넘쳤다' 는 결과이다. 아르키메데스는 '동물 때문에 물이 차올라 넘쳤을 것이다' 라는 가설을 세운다. 그러나 그 가설은 어디까지나 아르키메데스의 생각일 뿐 아직은 무엇 때문에 물이 넘쳤는지 알 수 없다.

아르키메데스는 물이 넘치는 원인을 찾는 과정에서 귀납적 사고의 과정을 잘 보여 주고 있다. 귀납적 사고는 각각의 개별적인 요소들로부터 규칙을 이끌어내는 방법이다. 아르키메데스가 욕조의 물이 넘친 것은 동물 때문이라는 가설을 세우고, 동물들 하나하나를 실험 대상으로 삼아 가설을 검증하고, 결론을 도출하여 일반적인 법칙으로 만든 것은 과학 분야에서 많이 사용하는 사고의 과정이다.

실험하기

📖 캥거루를 빼고 아르키메데스와 다른 동물들이 욕조에 들어간다. 그러나 욕조의 물은 다시 올라온다. 전부 욕조에서 나오고 다시 물을 재어 보니 물이 줄어 있다. 다시 염소만 빼고 욕조에 들어가도 물은 올라온다. 마찬가지로 웜바트(오스트레일리아 산의 주머니가 있는 동물, 곰과 비슷하게 생김)만 욕조에 들어가지 않아도 물은 올라온다.
그러면 도대체 누구 때문에 욕조에 물이 올라오는 것일까? 아르키메데스 때문일까?
아르키메데스는 막대기로 물의 깊이를 다시 잰 다음 욕조에 들어가서 앉은 후 다시 물의 깊이를 재어 본다. 물은 역시 올라와 있다.

아르키메데스는 '동물 때문에 물이 차올라 넘쳤을 것이다.' 라는 가설이 옳은지 확인하기 위해서 실험을 한다. 과학에서 실험이란 아직 확인되지 않은 사실을 검증하기 위해서 실제처럼 해 보는 것을 말한다.

실험 방법은 두 가지가 있다. 하나는 변화를 일으킬 것이라고 생각되는 요소를 하나씩 더하는 것이고, 다른 하나는 하나씩 빼는 것이다. 아르키메데스는 하나씩 빼보는 방법으로 실험을 한다. 그래서 캥거루, 염소, 웜바트, 아르키메데스 순으로 하나씩 욕조에 들어가지 않고 물의 깊이 변화를 관찰한다.

아르키메데스가 욕조에서 나오자 욕조의 물은 아르키메데스가 잠겼던 만큼 내려간다. 아르키메데스는 뭔가를 깨닫고 흥분하여 욕조에 들어갔다 나왔다 하기를 반복한다. 그러자 욕조의 물도 올라갔다 내려갔다 하기를 반복한다.

과학에서는 보통 여러 번의 실험을 반복하여 나온 동일한 결과로 법칙을 찾는다. 동일한 조건에서 똑같은 실험을 하여서 나온 결과가 모두 같다면 그것은 법칙으로 일반화할 수 있다. 아르키메데스는 캥거루, 염소, 웜바트, 아르키메데스 순으로 실험을 반복한다.

유레카

마침내 아르키메데스는 욕조의 물이 넘치는 원인을 알아낸다. 물이 넘치게 한 것은 바로 아르키메데스와 동물들 모두이다.

유레카란 '알았다, 됐다' 라는 뜻으로 아르키메데스가 물체를 물속에 넣으면 그 물체의 무게만큼 물의 높이가 올라온다는 것을 알아냈을 때 외쳤던 소리이다.

아르키메데스가 물이 넘치는 이유를 찾는 과정에서 보듯이 과학적으로 문제를 해결하는 과정은 가설을 세우고 실험을 통하여 가설을 증명하는 것이다. 아르키메데스는 문제를 과학적으로 해결하는 논리수학지능이 높은 인물이다. 지능이 높다는 것은 그 방면에 단계적인 발달이 빨리 일어난다는 것을 의미한다. 일상생활에서 과학적으로 문제를 해결하는 과정을 많이 경험해 보면 논리수학지능을 높이는 데 도움이 된다.

활용한 도서 : 『아르키메데스의 목욕』/ 파멜라 엘렌 글·그림 / 풀빛

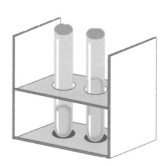

이크기메데스가 한 실험을 아이와 직접 해 보자. 커다란 쟁반을 놓고 그 위에 물이 가득 담긴 용기를 올려놓는다. 다음에는 무게가 무거운 물건과 가벼운 물건을 준비하여 물이 담긴 용기에 넣어 본다. 물에 담긴 물체의 무게만큼 용기의 물은 쟁반 위에 넘치게 될 것이다. 넘친 물을 컵에 담아 비교해 본다. 아이들은 물체가 무거울수록 물이 많이 넘친다는 것을 눈으로 확인하게 된다.

햇빛이 드는 곳과 햇빛이 들지 않는 곳 중에서 어디가 더 따뜻할까? 햇빛이 드는 곳과 들지 않는 장소를 찾아서 나누자. 그리고 아이들로 하여금 햇빛이 드는 곳의 온도를 온도계를 사용하여 재어 보게 한다. 다음에는 햇빛이 들지 않는 곳의 온도를 재어 보게 한다. 결과를 비교해 보면 햇빛이 드는 곳이 응달보다 온도가 더 높아서 따뜻하다는 것을 아이들이 알게 된다. 아이들에게 실험을 통하여 해답을 찾게 해 보자. 이런 과학적 절차를 밟는 경험을 하면 아이들은 스스로 답을 찾기 위해 궁리하는 동안 과학적으로 문제를 해결하는 능력을 키우게 된다.

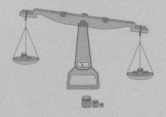

논리수학지능과 관련된 도서

- 『거북이가 풍덩!』 / 캐스린 폴웰 글 · 그림 / 아이세움
- 『나머지 하나 꽁당이』 / 엘리너 핀체스 글 / 보니 맥케인 그림 / 아이세움
- 『아빠와 아이가 함께읽는 논리력 · 표현력 동화집』 / 스테파니 테송 외 글 / 에밀리 솔라 외 그림 / 세발자전거
- 『놀다보면 과학을 발견해요』 / 재니스 반클리브 글 / 스탄 투산 그림 / 미래아이(미래 M&B)
- 『발명가가 되고 싶다고?』 / 주디스 세인트 조지 글 / 데이비드 스몰 그림 / 문학동네 어린이
- 『분수놀이』 / 로렌 리디 글 · 그림 / 미래아이(미래M&B)
- 『분수막대로 익히는 신나는 분수놀이』 / 편집부 글 / 에듀카코리아
- 『빨간 모자』 / 노자키 아키히로 글 / 안노 미쓰마사 그림 / 비룡소
- 『샌지와 빵집주인』 / 로빈 자네스 글 / 코키 폴 그림 / 비룡소
- 『샤랄라 할머니의 지혜 STORY 1 : 고양이와 네 명의 솜장수』 / 이병기 글 / 송해주 그림 / 아름터
- 『샤랄라 할머니의 지혜 STORY 2 : 냄새값, 소리값』 / 이병기 글 / 송해주 그림 / 아름터
- 『샤랄라 할머니의 지혜 STORY 3 : 구두 도둑의 누명』 / 이병기 글 / 송해주 그림 / 아름터
- 『수학아 놀자』 / 이원영 글 / 한울림
- 『신기한 열매』 / 안노 미쓰마사 글 · 그림 / 비룡소
- 『아기 돼지 세 마리』 / 모리 쓰요시 글 / 안노 미쓰마사 그림 / 비룡소
- 『엄마랑 같이 하는 수학놀이』 / 아드리엔 캐츠 글 / 조성헌 그림 / 사계절
- 『즐거운 이사놀이』 / 안노 미쓰마사 글 · 그림 / 비룡소
- 『토끼의 재판(책을 좋아하는 아이 옛 이야기 10)』 / 이은영 글 / 이은천 그림 / 씽크하우스
- 『항아리 속 이야기』 / 안노 마사이치로 글 / 안노 미쓰마사 그림 / 비룡소

7장

인근이는 스트레스가 쌓이면 피아노를 연주하거나 오페라를 듣는다. 비제의 '카르멘 서곡'을 듣고 있으면 막힌 가슴이 뻥 뚫리는 것 같아 기분이 좋다는 인근이는 자신이 들은 오페라의 한 대목을 직접 연주하기도 한다.

민정이는 자칭 상도 1동 가수로 집집마다 순회공연을 다니느라 하루해가 짧다. 할머니를 따라 노인정에서 놀러가 부른 민요 〈닐리리야〉 덕분이다. "닐리리야 닐리리야"를 외치는 민정이를 보며 어른들은 "네가 일장춘몽을 알아?" 하시지만 "얼쑤, 옳거니, 좋다"와 같은 추임새를 넣으며 즐거워하신다.

인근이와 민정이처럼 음악 감상을 즐기고 악기를 잘 다루거나 노래를 맛깔나게 부르는 아이들이 있다면 음악지능에 강점을 보인다고 말할 수 있다.

음악지능이란 음에 대한 민감성, 음악으로 표현하는 방법을 이해하는 능력, 음악을 정서적으로 이해하는 능력을 말한다. 음에 대한 민감성이란 음악적인 소리뿐 아니라 사람의 목소리나 동물들의 소리에도 예민한 것을 의미한다. 음악적으로 표현한다는 말은 자신이 들은 소리를 목소리나 악기로 나타내는 것을 뜻한다. 음악을 정서적으로 이해하는 능력이란 음악의 아름다움에 감동을 받고 정서적 만족감을 얻을 수 있는 것이다.

음악 지능

글_ 김경민

하워드 가드너의 이론에 따르면 누구나 음악적 능력을 갖고 태어나며, 음악지능은
다중지능의 여러 능력 중 가장 초기에 나타난다고 한다. 영아는 생후 2개월부터 엄
마의 노래에서 가락, 음량, 음의 윤곽 등을 안다. 갓 태어난 아이는 엄마와 아빠의
목소리에 반응한다. 또 뱃속에서 들었던 음악을 들려 주면 울음을 멈춘다. 이처럼
영아는 언어보다 소리에 더 빠르게 반응한다.

인근이나 민정이처럼 음악지능에 강점을 보이는 아이들도 훈련을 하지 않으면 음악
지능을 제대로 발휘할 수 없다. 음악지능은 9세를 기점으로 점차 떨어지기 때문이
다. 그래서 음악 감상, 악기 연주, 노래 부르기 등을 즐기지 않는 사람은 성인이 되
어서 자신이 가진 음악적 능력을 표현하기 힘들게 된다. 하지만 하워드 가드너의 주
장처럼 누구나 음악적 능력을 갖고 태어나기 때문에 음악지능에 강점을 보이는 아이
들이나 평범한 아이들 모두 각자에게 적합한 음악적 활동을 제공한다면 그들이 가진
음악적 능력을 발현할 수 있다.

음악지능을 발달시키기 위한 활동으로는 음악 감상, 노래 부르기, 음악에 맞춰 몸
움직이기, 악기 다루기, 작곡하기 등이 있다.

그림책에서 찾은 **음악지능**
음악 이해하기

데이비드 맥페일이 쓴 『세상을 바꾼 두더지』는 음악으로 사람들의 마음에 평화와 행복을 안겨 준 두더지 '몰'의 이야기이다. 음악지능에 강점을 보이는 두더지 몰은 음악 소리가 무엇인지 잘 이해하고 끈기를 가지고 훈련한 결과, 자신이 가진 음악지능을 발현해 나간다.

음악적 소리와 비음악적 소리의 차이 알기

음악을 이해하기 위해서는 먼저 듣기가 이루어져야 한다. 듣기를 통해 소리에 대한 인지, 구별, 감수성을 발휘할 수 있기 때문이다.

주인공 몰은 낮에는 열심히 일을 하고, 밤에는 안락 의자에 편히 앉아 텔레비전을 보다가 잠자리에 드는 평범한 두더지이다. 두더지 몰은 매일 여러 종류의 소리를 들으며 살고 있다. 돌 떨어지는 소리, 수레를 끌 때 나는 바퀴 소리, 동굴에서 메아리처럼 울려 퍼지는 곡괭이 소리, 굴 위로 떨어지는 빗방울 소리, 동물들의 발자국 소리 등. 그러던 어느 날 몰은 텔레비전에서 바이올린 연주를 듣는다. 그리고 이전에 한 번도 들어 본 적이 없는 아름다운 음악 소리를 듣게 된다. 감동한 두더지 몰은 자신도 아름다운 음악을 연주해 봤으면 좋겠다고 꿈꾼다.

두더지 몰이 한 번도 들어 보지 못한 아름다운 소리는 음악적 요소들, 즉 리듬이나 가락, 화성이 조화를 이룬 음악 소리이다. 음악이란 소리를 소재로 하여 음악적 요소들을 일정한 법칙과 형식으로 종합해서 사상과 감정을 표현하는 예술로 단순히 귀에 들리는 비음악적 소리와는 구별된다. 따라서 음악을 이해하기 위해서는 음악적 소리와 비음악적 소리의 차이를 먼저 알아야 한다.

음악적으로 표현된 것과 그렇지 않은 것의 차이는 음악을 구성하는 요소를 형식이라는 틀 속에 넣을 수 있는지 아닌지에 따라 결정된다. 예를 들어, 엄마의 "야아아아" 하는 고함을 듣고 음악이라 생각하는 사람은 없다. 그러나 모차르트의 오페라 〈마술피리〉에 나오는 '밤의 여왕 아리아'의 첫 소절 "아아~아아아아아아~아"를 듣고는 음악이라고 말한다. 왜냐하면 '밤의 여왕 아리아'에는 음높이와 길이를 가진 선율(가락)이 있고, 음들이 화음을 이루고 있기 때문이다.

두더지 몰이 처음 들은 음악적 소리를 잘 이해하고 감동을 받았다는 것은 몸이 음에 민감하며 음악을 정서적으로 이해하는 능력을 가졌다는 것을 의미한다. 하지만 단지 음악적 소리를 들었다고 해서 음악에 대한 이해가 깊어지는 것은 아니다. 음악 감상도 훈련이 필요하다.

음악 감상 능력은 지각적 민감성이 증가하는 2~7세에 가장 많이 발달한다. 이 시기의 아동들은 악곡의 크기, 부드러움, 빠르기와 느림을 구분하며, 음의 높고 낮음, 장단, 음질의 차이를 이해하고, 행진곡이나 춤곡 등과 같은 악곡의 특징을 이해한다. 청각의 발달은 6세경에 성인 수준까지 이루어지기 때문에 이 시기에 듣기를 연습하는 것이 매우 중요하다. 이후 7~12세가 되면 소리의 종류를 알아내고 악기의 종류와 연주법에 대해 관심을 가지고 음악을 감상할 수 있다. 12~15세에는 체계적이며 과학적인 추론을 할 수 있는 단계로 여러 가지 악기를 다룰 수 있고, 듣고 느끼는 감각이 절정을 이룬다.

음악적 소리를 내는 도구 탐구하기

두더지 몰은 악기를 연주해 보면 좋겠다고 생각하고 다음 날 바이올린을 주문한다.

몰이 바이올린을 주문한 것은 태어나서 처음으로 감동을 준 음악적 소리를 낸 악기가 바이올린이기 때문이지 만약 몰이 첼로를 봤다면 첼로를 주문했을지도 모른다. 하지만 바이올린 소리와 첼로 소리를 듣고 보이는 반응은 다를 수 있다. 사람마다 선호하는 음색이 다르기 때문이다. 연주 방법에 따라 달라지기는 하겠지만, 첼로는 차분하고 웅장한 음색을 내는 반면 바이올린은 가볍고 경쾌한 음색을 낸다.

똑같은 음악을 들어도 기분, 듣는 장소, 악기에 따라 반응은 달라진다. 그러므로 악기를 탐색하는 것은 매우 중요하다. 악기마다 가지고 있는 독특한 소리를 많이 들을수록 악기의 특성에 따라 달라지는 소리의 차이를 분별하는 능력이 생겨 음악을 다양하게 즐길 수 있기 때문이다. 이는 음악 감상을 풍요롭게 하는 힘의 원천이므로 아이들에게 다양한 음색을 가진 악기를 다뤄 보거나 탐색할 수 있는 기회를 많이 제공해야 한다. 음악적 소리를 내는 도구인 목소리와 악기 소리를 알아가는 것은 음악을 이해하는 과정이기도 하다.

여러 소리들을 탐색하다 보면 음감이 발달하여 셈여림, 빠르기, 리듬, 가락, 음색, 화음 등을 알게 된다. 이를 음의 개념이라고 말하는데, 음의 개념을 익히면 음악에 대한 이해가 깊어진다.

음악 소리가 무엇인지 알고 음악적 소리를 내는 도구를 탐색하고 난 후에는 자연에서 들리는 소리와 생활하면서 듣는 소리, 음악소리 등이 어떻게 들리는지 따라해 보는 연습이 필요하다. 여러 종류의 소리에 반응하고, 소리를 구별하고, 나아가 소리를 흉내 내기시작하면서 다양한 음악 활동(노래, 연주, 작곡 등)을 할 수 있기 때문이다.

음악성 발현하기

몰은 배달된 바이올린을 들고 뛸 듯이 기뻐한다.

두더지 몰은 텔레비전에서 들려오는 아름다운 음악 소리를 듣고느꼈던 자신의 감정을 음악적으로 표현하고 싶어 한다.

몰은 어깨에 바이올린을 끼고 눈을 지그시 감고 활을 당긴다. 하지만 받자마자 연주한 바이올린에서는 끼익끼익 이상한 소리만 난다.

몰은 바이올린을 연주하면 바로 아름다운 음악 소리가 울려 퍼질 것이라 생각했을 것이다. 하지만 이 과정을 통해 자신의 연주가텔레비전에서 들었던 연주와는 다르다는 것을 알게 된다. 그리고자신이 들었던 아름다운 소리를 만들기 위해서는 음악적 요소(리듬, 가락, 화성 등)를 익히고, 그 요소들이 조화를 이룰 수 있도록 노력해야 한다는 것을 깨닫는다.

📖 몰은 악보를 보고 쉬지 않고 연습한다. 여전히 끼익끼익 소리는 났지만 계속해서 연습한 결과 도와 레를 소리 낼 수 있게 되고 나아가 한 옥타브 전부를 소리 낼 수 있게 된다.

두더지 몰이 수차례 반복 연습을 통해 한 옥타브 전부를 소리 낼 수 있게 된 것은 그에 맞는 음악적 요소를 익혔음을 의미한다. 몰은 이러한 음악적 요소를 바탕으로 악기를 다루어 봄으로써 음악적 상상력과 표현력을 키울 수 있게 된다. 이는 몰이 연주자로서의 자질을 갖고 있음을 보여 준다. 몰처럼 음악지능에 강점을 보이는 아이들은 연주자가 들려 주는 소리를 잘 이해하고, 음악을 통해 활력소를 얻는다. 또한 악기를 잘 연주할 때까지 인내심을 갖고 배운다.

아이가 처음 악기에 관심을 보이는 시기는 1~2세로 이때는 주방 기구 등을 두드리며 다양한 소리에 흥미를 나타낸다. 2~3세가 되면 리듬악기나 타악기에 대한 관심을 보이며, 4~5세가 되면 대부분의 리듬악기와 가락악기를 연주할 수 있다. 5~7세에는 피아노나 바이올린 등의 악기를 연주할 수 있으며, 7~9세가 되면 본격적인 연주를 할 수 있다.

하지만 음악지능에 강점을 보이는 사람들이 몰처럼 연주자의 모습으로만 발현되는 것은 아니다. 어떤 사람들은 외부에서 듣는 소리를 음으로 표현하여 작곡을 하기도 한다. 쇼팽의 〈강아지 왈츠〉

는 강아지 소리를 빗대어 만든 곡이며, 헨델의 〈대장장이의 장단〉
은 대장간에서 들리는 소리를 음으로 표현한 것이며, 생상스의 〈동
물의 사육제〉는 동물들의 소리를 음으로 표현한 것이다.

천상의 목소리를 가진 성악가로 불리는 조수미나 루치아노 파바
로치처럼 노래를 부르는 사람이 될 수도 있다. 음악으로 아픈 사람
을 치료하는 음악 치료사가 될 수도 있고, 음악적 양식을 전수하는
교사가 될 수도 있고, 음의 균형을 맞춰서 고운 소리가 나게 하는
음악 조율사가 될 수도 있고, 음악을 잘 선곡하여 사람들에게 들려
주는 음반지기가 될 수도 있다.

이렇듯 음악지능의 발현된 모습은 각각 다를 수 있다. 하지만 이
들 모두는 음에 민감하며 음악이 주는 메시지를 잘 이해하고 있다
는 점에서는 공통점을 갖고 있다.

사람들과 소통하기

몰의 바이올린 소리는 꾸준히 연습을 통해 점점 아름다워진다.

몰의 연주가 점점 아름다워진다는 것은 음악적 자질이 충분히
발현되고 있다는 것을 의미한다. 몰의 연주가 음악적 형식을 갖추
기 시작하면서 뒤죽박죽이던 악보 속 음표들도 점차 형식에 맞게
표현된다.

📖 몇 년의 시간이 흐르고 텔레비전에서 보았던 사람보다 더 연주를 잘하게 된 몰은 사람들이 자신의 음악을 듣고 뭐라고 말할지 궁금해진다. 몰은 사람들 앞에서 자신이 바이올린을 연주하는 모습을 상상하면서 즐거워한다. 그리고 자신의 바이올린 연주가 듣는 사람들의 마음 깊은 곳까지 닿아 슬픔과 괴로움, 분노와 미움까지 녹여 버리는 상상을 한다.

두더지 몰이 자신의 연주를 듣고 사람들이 어떤 반응을 보일지 궁금해 한다는 것은 사람들과 음악으로 소통하기를 희망하고 있음을 뜻한다. 음악가들은 자연의 아름다움, 사랑하는 마음, 자신의 신념 등을 노래나 연주, 작곡으로 표현하며 세상과 소통한다. 몰 역시 연주로 평화와 화해의 메시지를 전달하고 싶어 한다.

📖 하지만 몰은 자신의 연주를 아무도 듣지 않는다 생각하고 피식 웃는다.

몰의 생각과 달리 몰의 연주는 전쟁을 하려는 사람들의 마음에 스며든다. 몰의 연주가 사람들에게 평화롭게 지내던 일상을 떠오르게 했고, 따뜻하게 맞이해 주는 가족이 있는 그리운 고향을 생각나게 했기 때문이다.

📖 군대가 서로 칼을 겨누고 싸움을 하는 현장을 표현하는 그림에 그려져 있는 악보는 베토벤 교향곡 6번 〈전원〉의 한 대목이다.

베토벤의 〈전원〉을 듣고 있노라면 햇살 따뜻한 오후 시냇물에 발을 담그고 숲에서 들려오는 풀벌레 소리를 들으며 한가롭게 있는 느낌이 든다. 평화로운 전원의 풍경을 생각나게 하는 몰의 연주에 감동을 받은 사람들은 자연스럽게 미운 마음을 버리고 서로 부둥 껴안는다.

📖 사람들의 행복한 얼굴 뒤편에 흘러나오는 선율은 베토벤 9번 교향곡 〈합창〉의 한 소절이다.

〈합창〉은 화해와 평화, 용서의 메시지를 담은 교향곡으로 유명하다. 베토벤이 죽기 전에 마지막으로 작곡한 곡으로 기악과 성악이 하나가 되어 만물의 조화, 인류의 평화를 기원하는 작품이다. 목소리와 악기가 하나가 되어 환희의 순간을 벅찬 감정으로 노래하는 이 곡은 몰의 바람대로 사람들의 마음에 평화를 선사하고 행복을 안겨 준다.

〈합창〉은 몰 자신에게도 매우 중요한 의미를 가진다. 일명 〈작은 별 변주곡〉으로 불리는 〈아, 어머님께 말씀드리죠!〉라는 기초 연주곡에서 〈합창〉에 이르기까지 몰의 연주는 성장을 거듭해왔고 오랜 훈련의 결과 환희의 순간을 선사했기 때문이다. 몰의 연주는 세상 사람들뿐만 아니라 자기 자신에게도 카타르시스를 느끼게 했다. 음악지능에 강점을 보이는 아이들이 훈련을 견디고 예술가로 성장하는 이유는 몰처럼 음악이 그들에게 환희의 순간을 맛보게 해주기 때문이다.

모두들 몰이 마지막으로 연주하는 브람스의 〈자장가〉를 들으며 달콤한 잠에 빠져든다.

어머니의 품처럼 평온함을 안겨 주는 브람스의 〈자장가〉는 모든 사람들에게 아름답고 평화로운 꿈나라를 선사한다.

음악은 이처럼 사람들에게 평온한 안식처를 제공하고 마음에 위안을 준다. 이런 정서적인 안녕감으로 풍요로운 삶을 만드는 데 음악만큼 멋진 선물은 없다.

활용한 도서 :『세상을 바꾼 두더지』/ 데이비드 맥페일 글·그림 / 이은석 옮김 / 문학동네어린이

소리 팀색하기

주변에 있는 소리 탐색하기

아이들의 음악지능을 키우기 위해서는 먼저 주변에 있는 다양한 소리로 음악과 친해지게 해야 한다. 다양한 소리와 친해지면 음감이 발달한다. 음감이란 음에 대한 감수성, 음의 높이, 강도, 길이, 음색 외에 리듬, 선율, 화성등 악곡의 구성 요소를 구분할 수 있는 능력을 말한다. 이러한 능력은 다양한 소리를 탐색함으로써 키워질 수 있다. 두더지 몰이 아름다운 음악 소리를 듣고 감동을 받을 수 있었던 이유는 자신도 모르게 매일 여러 종류의 소리를 듣고 음감을 발달시켰기 때문이다.

동물의 울음소리를 듣고 "높은 소리가 나는 동물은 누굴까? 낮은 소리가 나는 동물은 누구지?"라고 물어 보거나, "호랑이는 '어흥' 하고 큰 소리로 울고 고양이는 '야옹' 하고 작은 소리로 울어요!"라는 식으로 아이와 함께 동

주변 소리 탐색 컵 울림

물 소리 흉내 내기를 해 보자. 아이는 동물 소리를 통해 음의 높이와 셈여림에 대해 알게 될 것이다.

물 높이가 다른 컵을 탁자에 놓고 아이에게 젓가락으로 두드려 보게 하자. 아이에게 소리가 다른 이유가 무엇인지 물어 보고 낮은 소리와 높은 소리에 맞게 컵을 배열하게 하자. 이는 물이 많은 컵은 울림이 적어서 소리가 높고 물이 적은 컵은 울림이 많아서 소리가 낮다는 것을 깨닫게 하는 놀이로 울림에 따른 음의 차이를 알게 해 준다. 컵을 순서대로 배열한 후 한 박자는 "따안", 두 박자는 "따아안", 반 박자는 "따"라고 소리를 내면서 박자에 맞춰 젓가락으로 두드려 보자. 이 놀이를 따라 하면서 아이는 리듬과 가락 등을 익힐 수 있다.

악기 소리 탐색하기

아이들이 음악을 다양하게 즐기기 위해서는 악기 소리를 많이 들어 봐야 한다. 악기마다 가지고 있는 독특한 소리를 많이 들을수록 다양한 음색을 알게 되어 음악 활동을 풍요롭게 할 수 있기 때문이다.

집 안에 있는 리듬악기나 가락악기 등의 소리를 들어 보고 어떤 느낌인지 아이와 이야기해 보자. 캐스터네츠의 소리를 함께 듣고 "엄마는 캐스터네츠 소리를 들으니까 시원한 바다가 생각나네! 시원한 파도 소리같이 느껴지거든! 정민이는 어때?"하는 식으로 질문을 하면 된다.

반대로 주변에 있는 다양한 소리와 아이가 알고 있는 악기소리를 연결지어 생각해 보게 하자. "빗방울 소리나 천둥소리가 어떤 악기에서 나는 소리랑 비슷한 것 같아?"라고 질문하면서 아이가 자연의 소리와 악기에서 나는 소리를 연결지어 생각할 수 있도록 유도하면 된다. 이 활동을 통해 아이는 소리마다 가진 독특한 색깔을 알게 된다.

깡통에 모래나 잡곡 등을 넣어 깡통 마라카스를 만들어 보자. 아이가 악기 소리를 탐색할 수 있을 뿐만 아니라 악기와도 친해질 수 있을 것이다. "모래를 넣었을 때랑 콩을 넣었을 때 나는 소리는 어떻게 다르지? 소리가 다른

이유는 무엇인까?"라는 질문을 통해 물질의 크기에 따른 음의 차이를 알게
할 수도 있다.

음악지능과 관련된 도서

- 『나와 오페라』 / 안드레아 호이어 글·그림 / 미래M&B
- 『나와 음악회』 / 안드레아 호이어 글·그림 / 미래M&B
- 『나와 음악학교』 / 안드레아 호이어 글·그림 / 미래M&B
- 『나의 바이올린』 / 수지 모건스턴 글 / 마리 데 살레 그림 / 주니어김영사
- 『나의 악기 박물관』 / 안드레아 호이어 글·그림 / 미래M&B
- 『노랑 개구리의 노래』 / 캐더린 케이브 글 / 쑤 헨드라 그림 / 국민서관
- 『노래하는 볼돼지』 / 김영진 글·그림 / 길벗어린이
- 『동물의 사육제』 / 존 리스고 글 / 보리스 쿨리고프 그림 / 토토북
- 『모차르트 멜로디』 / 스테판 코스탄차 글·그림 / 토토북
- 『보름달 음악대』 / 옌스 라스무스 글·그림 / 비룡소
- 『사물놀이』 / 김동원 글 / 조혜란 그림 / 길벗어린이
- 『사물놀이 이야기』 / 김동원 구음·감수 / 곽영권 그림 / 사계절
- 『아저씨 우산』 / 사노 요코 글·그림 / 비룡소
- 『어린 모차르트』 / 레이첼 이사도라 글·그림 / 작은책방
- 『어린 음악가 폭스트롯』 / 헬메 하이네 글·그림 / 달리
- 『초등학생을 위한 오케스트라의 모든 것』 / 브루스 코실니악 글 / 헤이리키즈 옮김 / 김영사
- 『우리들의 흥겨운 밴드』 / 베라 B. 윌리엄스 글·그림 / 느림보
- 『음악의 모든 것』 / 알리키 글·그림 / 미래아이
- 『플로리카가 바이올린을 들면』 / 제르다 뮐러 글·그림 / 물구나무
- 『피아노 치는 늑대 울피』 / 이시다 마리 글·그림 / 고래이야기
- 『피터와 늑대』 / 블라디미르 바긴 글·그림 / 토토북
- 『혹부리 영감』 / 임정진 글 / 임향한 그림 / 비룡소

슬아네 가족의 일요일은 언제나 분주하다. 다양한 모습으로 주말을 보내는 3남매 때문이다. 발레리나를 꿈꾸는 슬아가 분홍색 토슈즈를 신고 발끝으로 빙빙 돌고 있는 모습을 보고 있노라면 가족은 슬아가 한 마리의 백조 같다는 생각을 한다. 곧이어 동찬이의 개그쇼가 벌어진다. 주로 학교생활이나 가족 간에 있었던 사건을 주제로 하는 동찬이의 개그는 상황을 잘 재현해서 실제 눈앞에서 일어난 것 같은 착각을 불러일으킬 때도 있다. 이에 뒤질세라 막내 동준이는 날쌘 다람쥐처럼 볼링핀 사이로 공 주고받기를 하며 뛰어 간다. "야호! 하나도 안 건드린다."를 외치며 거실을 종횡무진 뛰어다니는 동준이의 행동은 "에구! 에구!"를 절로 나오게 하지만 외과의사로 일하고 있는 아빠와 조각가인 엄마의 얼굴에 함박웃음을 짓게 한다.

슬아네 3남매처럼 신체를 이용한 활동을 능숙하게 하거나 상황을 잘 재현하고 혹은 도구를 잘 다루거나 행동이 민첩한 아이들이 있다면 신체운동지능에 강점을 보인다고 말할 수 있다.

신체운동지능이란 몸의 균형 감각과 촉각이 발달되어 있어 신체를 이용한 활동을 능숙하게 하거나 내면세계를 몸으로 표현해내는 능력을 말한다. 신체를 이용한 활동을 능숙하게 한다는 것은 동준이처럼 공을 다루는 손놀림이나 발놀림이 정확하고 반사신경이 뛰어나거나 아빠, 엄마처럼 손을 이용하는 기술이 뛰어나다는 것을 의미한다. 내면세계를 몸으로 표현해내는 능력이란 슬아처럼 백조의 날고 싶은 감정을 몸으로 잘 표현해내거나 동찬이처럼 대사나 동작의 처리가 매끄러워 감동을 자아내게 하는 능력을 말한다.

신체는 대근육에서 소근육의 순서로 발달하며 운동 능력은 연령에 따라 반사적 동작

신체운동지능

글_ 김경민

기, 초보적 동작기, 기본적 동작기, 전문화된 동작기를 거쳐 발달한다. 각 시기마다 수행해야 하는 운동 능력이 있는데 이 능력은 연속적인 순서에 따라 이루어진다.

대근육이란 몸통이나 팔과 다리를 움직이는 큰 근육으로 몸 가누기, 뒤집기, 앉기, 기기, 서기, 걷기, 기어오르기, 달리기 순으로 발달이 이루어진다. 이후 던지기, 받기, 차기 등 운동 기술이 더욱 세련되어지고 정교하게 협응한다.

소근육이란 손가락이나 발가락의 작은 근육을 말한다. 출생 시 신생아들은 소근육을 통제하지 못하다가 생후 2년에 걸쳐 눈과 손의 협응력이 증가하면서 소근육을 사용하는 기술이 향상된다. 이후 그림 그리기, 쓰기, 찢기, 오리기, 붙이기, 쌓기, 끼우기 등 여러 가지 조작 능력이 가능해지고 연령이 증가할수록 손을 기민하게 사용할 수 있게 된다.

신체운동지능에 강점을 보이는 아이들은 바느질이나 뜨개질, 조각, 목공일, 모형 만들기 같이 손으로 하는 구체적인 활동을 좋아하며, 대화를 나눌 때도 손동작이나 다른 형태의 신체 언어를 사용하는 것을 즐긴다. 바느질, 뜨개질, 조각, 목공일, 모형 만들기는 소근육 발달에 의한 조작 활동인데, 이렇게 도구를 사용하여 새로운 물건을 만드는 것은 신체운동지능의 한 표현이다.

신체운동지능에 강점을 보이는 사람들은 몸의 균형 감각과 촉각이 발달되어 있기 때문에 신체를 이용한 활동에 능숙하다. 이런 아이들은 성장할수록 몸을 움직여 자기 생각을 표현하기를 좋아하는데 이러한 기술을 잘 배우고 익히면 운동선수나 배우, 무용가, 조각가, 발명가, 외과의사 등 신체를 활용해야 하는 일에 두각을 나타낼 수 있다. 신체운동지능을 발달시키기 위한 활동으로는 연극, 운동, 무용, 무술 등이 있다.

그림책에서 찾은 **신체운동지능**
신체로 표현하기

앨런 듀랜트가 쓴 『축구왕 해리!』는 신체운동지능에 강점을 보이는 해리가 축구선수로서 면모를 갖춰 나가는 모습을 잘 그려 내고 있다. 해리는 자신이 좋아하는 축구의 특징을 잘 이해하고 기술을 익힌 후 그 기술을 적절히 사용하여 축구를 잘하게 된다.

해리는 공룡 이야기를 좋아하고 장난감 로봇을 가지고 놀기를 좋아하는 아주 평범한 아이이다. 해리는 복장을 잘 갖춰 입고 하는 해적 놀이를 즐긴다. 걸음을 걸을 때도 웃을 때도 정말 해적처럼 행동한다.

해리는 움직임이 많고 자신이 생각하는 것을 행동으로 옮기는 아이이다. 해적 놀이를 할 때도 진짜 해적처럼 행동한다. 해골 표시가 있는 두건을 쓰고 안대를 하여 애꾸눈을 만들고 갈고리 손을 끼고 칼싸움을 즐긴다. 걸음을 걸을 때도 큰 소리로 웃을 때도 해적처럼 보일 정도로 특징을 잘 표현한다. 이렇게 해리처럼 어떤 놀이를 할 때 대상의 특징을 잘 표현하고, 휴식을 취할 때도 신체적 활동을 즐기는 아이라면 신체운동지능에 강점을 보인다고 말할 수 있다.

대상의 특징 이해하기

신체운동지능에 강점을 보이는 아이들은 어떤 것을 배우고 익힐 때 먼저 대상의 속성을 파악하고 그 대상에 맞게 신체를 숙련시킨다. 그 후 여러 번의 시행착오를 통해 신체를 고도로 분화된 방식으로 사용한다. 해리 역시 축구를 할 수 있는 전문적인 기술을 습득하고 그것을 잘 사용하기까지 위의 과정을 거친다.

해리는 축구에 푹 빠져서 발에 닿는 것은 무엇이든 뻥뻥 찬다. 엄마가 열심히 개어 놓은 자신의 양말도 돌돌 말아 찬다.

해리의 누나와 엄마는 해리가 아주 이상하다고 생각한다. 발에 닿는 건 무엇이든 차고, 양말도 돌돌 말아서 차기 때문이다. 신체운동지능에 강점을 보이는 아이들은 해리처럼 어떤 것을 이해할 때 체험하기를 즐기며 몸으로 습득하는 것을 좋아한다. 자신의 몸을 잘 조절할 수 있기 때문에 새로운 기술을 익힐 때 직접 실험하기를 즐기는 것이다.

이는 신체운동지능에 강점을 보이는 사람들이 가진 공통적인 특징이다. 운동선수나 무용가뿐 아니라 공학도나 의학도, 발명가들도 신체를 조작하거나 실험하기를 즐긴다.

마린보이 박태환이나 빙판의 요정 김연아, 발레리나 강수진의 공통점을 보면 새로운 기술을 배우고 익힐 때 모두 주저하지 않고 신체를 단련시켜 나갔다는 점이다. 또한 의사 출신 컴퓨터 전문가 안철수 씨 역시 컴퓨터를 조작하는 능력이 뛰어났으며, 위대한 발명가 에디슨은 원하는 결과가 나올 수 있도록 적절한 실험을 수행했다.

이들의 모습을 통해 신체운동지능에 강점을 보이는 사람들은 새로운 기술을 익히거나 물건 등을 발명할 때 신체를 조작하고 실험하기를 즐긴다는 것을 알 수 있다.

몸으로 지식을 습득하고 표현하기 위해서는 먼저 자신이 습득하고자 하는 대상의 속성에 대해 잘 알아야 한다. 해리는 공이 둥글기 때문에 차는 위치에 따라 공이 나아가는 방향이 달라지는 속성을 정확히 알고 있다. 그래서 발에 닿는 것은 무엇이든 뻥뻥 차고 양말을 공처럼 돌돌 만 것이다. 물체의 속성을 이해하는 사고가 시작되는 단계는 18~24개월로 공을 마루에 던져 보고 이불에 던져 보는 등의 활동을 하면서 물체의 속성을 이해하기 시작한다.

해리는 길을 지나갈 때도 돌멩이를 차고, 누나와 마당에 나와 놀 때도 공을 찬다. 축구공, 농구공, 야구공, 테니스공에 이르기까지 발에 걸리는 것은 무엇이든 찬다. 그리고 하루 종일 축구 이야기만 한다.

해리는 공을 차는 행위를 즐기고 더 나아가 축구를 잘하고 싶어 한다. 그래서 축구에 관한 모든 것을 공부하기 시작한다. 그림 속 해리는 들뜬 표정으로 프리킥, 오프사이드, 코너킥 오픈 플레이 등 축구 시합을 할 때 알아야 할 용어들을 외운다. 또한 책을 보면서 해설가처럼 축구 중계를 하며 즐거워한다.

해리는 본격적으로 축구공을 가지고 엄마와 누나 사이를 종횡무진하며 뚫고 지나간다. 엄마는 정신이 하나도 없다며 머리를 흔들지만, 누나는 웃으며 해리가 축구에 완전히 빠져 있어 어쩔 수 없다고 말한다.

해리는 공이 가지고 있는 속성을 이해할 뿐 아니라 축구에도 기술이 필요하다는 것을 알게 된다. 그래서 본격적으로 축구공을 가지고 엄마와 누나 사이로 원을 그리며 뛰어다닌다. 해리는 이러한 행동이 어떤 운동 능력을 키워 주는지는 모른다. 하지만 축구에 관한 모든 것을 공부하면서 축구 선수들이 어떻게 연습을 하는지 관찰하고 그것을 흉내 내기 시작한다.

필요한 기술을 익히기

어느 날 아빠는 해리를 축구 클럽에 보내기로 마음먹는다. 그리고 일요일이 되자 해리를 축구 클럽으로 데리고 간다. 그곳에서 해리는 축구에 필요한 기술을 배우고 연습한다.

해리가 본격적인 훈련을 받기 시작했다는 말은 전문화된 동작을 할 수 있는 단계에 도달했음을 의미한다. 던지기, 받기, 차기 등의 조작적 동작 능력이 키워지면 협응이 잘 되고, 기술적으로 정확해지며, 효율적인 동작 활동이 가능해진다. 보통 8세 이후가 되면 전문화된 동작을 할 수 있는 단계에 도달하는데 이 단계에 진입하는 시기는 사람마다 다르다. 만약 기초 단계에 충분한 훈련을 하지 않으면 성인이 되어서도 전문화된 기술들을 습득하기 어렵다.

해리는 축구 클럽에서 전문 기술을 배우며 놀랐을 것이다. 지금까지 해리가 집에서 했던 모든 놀이들이 축구 기술을 키우는데 반드시 필요한 훈련이었다는 것을 알았기 때문이다. 해리는 관찰을 통해 축구를 하기 위해서는 드리블을 연습해야 한다는 것을 알고 열심히 연습하여 민첩성이라는 중요한 운동 능력을 키운다. 민첩성은 빨리 방향을 바꾸고 몸을 재빨리 조정하며 장애물을 뛰어넘거나 피할 수 있게 하므로 축구를 하는 데 꼭 필요한 능력이다. 해리는 축구를 좋아하기 때문에 전문적인 훈련을 받기 전에도 효율적으로 신체를 활용하는 방법을 스스로 터득할 수 있었다. 신체운동지능에 강점을 보이는 아이들은 해리처럼 자신에게 필요한 기술이 무엇인지 잘 알고 반복적으로 익히는 것을 좋아한다.

축구 클럽 아이들이 팀을 나누어 경기를 한다. 해리는 공을 뚫어 져라 바라보며 열심히 달리지만 상대편 선수를 따라잡기 힘들어 공을 가로 채지는 못한다.

해리가 공만 쳐다 볼 뿐 신체 움직임에 맞게 여러 가지 동작을 할 수 없었던 이유는 협응력이 부족했기 때문이다. 협응력이란 여러 가지 동작에 대응할 수 있는 능력으로 이것이 신장되면 융통성, 안정성, 침착성이 확보되어 운동을 잘할 수 있다. 협응력은 여러 활동을 많이 경험할수록 좋아진다. 협응력이 급격히 증가하는 시기는 남녀 모두 5~6세이다. 따라서 이 시기에 많은 활동을 하게 하면 신체적 협응력을 증가시킬 수 있다.

드디어 해리가 공을 잡는다. 하지만 미숙한 해리는 자기 팀 골대로 공을 몰고 가거나 패스를 잘 못해 얼굴에 공을 맞는다. 그러나 아픈 것도 잊고 다시 열심히 뛴다.

여러 가지 동작에 대응하며 움직일 수 있는 단계에 이르기 위해 서는 많은 경험이 필요하다. 해리는 지금까지 자기 혼자 축구 연습을 해 왔기 때문에 주변 상황에 맞게 움직이는 연습을 많이 하지 못했다. 그러나 축구 경기를 하면서 어떤 동작을 해야 공을 몰고 골대에 갈 수 있는지, 친구에게 패스를 잘하려면 어떻게 해야 하는 지를 알게 된다. 그리고 끊임없는 시행착오를 통해 신체를 활용하는 방법을 터득해나간다.

배운 기술을 적절히 사용하기

 0대 0으로 전반전을 끝내 해리는 더 열심히 뛴다. 공을 찾고 뛰어가는 상대편 선수의 뒤를 바짝 좇기도 하고 같은 편 선수가 공을 잡고 뛰어갈 때도 부지런히 따라간다. 이윽고 친구의 패스를 받은 해리는 공을 뻥 찬다. 골인! 공은 골대로 들어가고 아빠와 누나는 얼싸 안고 펄쩍펄쩍 뛴다. 해리의 골 덕분에 빨간 유니폼 팀이 이겼기 때문이다.

해리는 전반전에는 공만 보고 달렸지만 후반전에는 주변의 상황을 고려하여 움직였기 때문에 골을 넣을 수 있었다. 이는 해리가 신체를 고도로 분화된 방식으로 사용하기 시작했음을 의미한다. 즉 대상을 자각하고 그에 맞는 운동 능력이 발현했다는 뜻이다.

활용한 도서: 『축구왕 해리!』 / 앨런 듀랜트 글 / 케이트 리크 그림 / 주미화 옮김 / 킨더랜드

신체를 상황에 맞게 잘 사용하기 위해서는 대근육과 소근육을 발달시켜야 한다. 기본적 운동 기능이 발달해야 보다 전문화된 운동 기능의 습득이 가능하기 때문이다.

대근육 발달시키기

신문지나 큰 수건을 양쪽으로 잡고, 그 위를 아이가 뛰어 오르게 하자. 아이가 뛰어 넘으면 높이를 조정해가며 점차 높이 뛰어 오를 수 있도록 하면 된다. 신문지를 주먹으로 치게 하고, 신문지가 찢어지면 한 장씩 신문지를 겹쳐서 들어 보자. 아이는 이 놀이를 통해 순발력을 익혀 상황에 따라 얼마만큼의 힘을 사용해야 하는지 알게 될 것이다.

또 책을 쌓아 놓고 먼저 두 발로 깡충 뛰기를 시킨 후 한 발로 깡충 뛰기를 시켜 보자. 책을 반환점 삼아 한 발로 한 바퀴 돌기를 하라고 해도 좋다. 이는 일정한 리듬이나 강도를 지닌 운동을 얼마나 지속할 수 있는가를 확인해 볼 수 있는 놀이로 지구력을 발달시킨다.

소근육 발달시키기

아이와 함께 맛있는 쿠키를 만들어 보자. 밀가루를 반죽한 후 직접 손으로 동물 모양이나 가족들의 모습을 만들고 과일과 콩, 견과류 등을 젓가락으로 옮겨 눈, 코, 입 등을 만들면 된다. 이 놀이를 통해 눈과 손의 협응, 사물의 조작력 등을 발달시킬 수 있다.

쿠키 만들기

협응력 키우기

막대기에 제기를 매달고 아이에게 차게 하자. 처음에는 아이가 제기를 잘 찰 수 있도록 막대기를 조절해 주어야 한다. 여러 번의 도전으로 아이에게 자신감이 생기면 제기를 막대기에서 풀고 직접 차게 하면 된다. 제기 차기는 운동 간의 협응력을 길러 주어 원활한 신체 조정 능력을 갖게 한다. 협응력이 신장되면 해리처럼 신체를 잘 활용할 수 있게 되므로 지속적인 훈련을 하는 것이 좋다.

제기 차기

신체운동지능과 관련된 도서

- 『곰 사냥을 떠나자』 / 마이클 로젠 글 / 헬린 옥슨버리 그림 / 시공주니어
- 『누구 발자국일까?』 / 밀리센트 엘리스 셀샘 글 / 마글레너 힐 던리 그림 / 비룡소
- 『눈 오는 날』 / 에즈라 잭 키츠 글 · 그림 / 비룡소
- 『바람이 불었어』 / 팻 허친즈 글 · 그림 / 시공주니어
- 『베이브루스』 / 로버트 버레 엮음 / 마이크 위머 그림 / 한국삐아제
- 『봄 여름 가을 겨울의 춤』 / 리바 무어 그레이 글 / 라울 콜론 그림 / 보물창고
- 『사과가 쿵!』 / 다다 히로시 글 / 보림
- 『서커스 곡예사 올리비아』 / 이언 포크너 글 · 그림 / 중앙출판사
- 『이사도라 덩컨』 / 레이첼 이사도라 엮음 · 그림 / 한국삐아제
- 『찰리 채플린』 / 이혜옥 엮음 / 한채홍 그림 / 한국삐아제
- 『축구 선수 윌리』 / 앤서니 브라운 글 · 그림 / 웅진주니어
- 『캥거루가 춤을 춘다고?』 / 재키 프렌치 글 / 브루스 와틀리 그림 / 키득키득
- 『코를 킁킁』 / 루스 크라우스 글 / 마크 사이먼트 그림 / 비룡소
- 『크릭터』 / 토미 웅게러 글 · 그림 / 시공주니어
- 『펠레』 / 이숙재 엮음 / 박정호 그림 / 한국삐아제

가림출판사 · 가림M&B · 가림Let's에서 나온 책들

문 학

바늘구멍
켄 폴리트 지음 / 홍영의 옮김 / 신국판 / 342쪽 / 5,300원

레베카의 열쇠
켄 폴리트 지음 / 손연숙 옮김 / 신국판 / 492쪽 / 6,800원

암병선
니시무라 쥬코 지음 / 홍영의 옮김 / 신국판 / 300쪽 / 4,800원

첫키스한 얘기 말해도 될까
김정미 외 7명 지음 / 신국판 / 228쪽 / 4,000원

사미인곡 上 · 中 · 下
김충호 지음 / 신국판 / 각 권 5,000원

이내의 끝자리
박수완 스님 지음 / 국판변형 / 132쪽 / 3,000원

너는 왜 나에게 다가서야 했는지
김충호 지음 / 국판변형 / 124쪽 / 3,000원

세계의 명언 편집부 엮음 / 신국판 / 322쪽 / 5,000원

여자가 알아야 할 101가지 지혜
제인 아서 엮음 / 지창국 옮김 / 4×6판 / 132쪽 / 5,000원

현명한 사람이 읽는 지혜로운 이야기
이정민 엮음 / 신국판 / 236쪽 / 6,500원

성공적인 표정이 당신을 바꾼다
마츠오 도요루 지음 / 홍영의 옮김 / 신국판 / 240쪽 / 7,500원

태양의 법
오오카와 류우호오 지음 / 민병수 옮김 / 신국판 / 246쪽 / 8,500원

영원의 법
오오카와 류우호오 지음 / 민병수 옮김 / 신국판 / 240쪽 / 8,000원

석가의 본심
오오카와 류우호오 지음 / 민병수 옮김 / 신국판 / 246쪽 / 10,000원

옛 사람들의 재치와 웃음
강형중 · 김경익 편저 / 신국판 / 316쪽 / 8,000원

지혜의 쉼터
쇼펜하우어 지음 / 김충호 엮음 / 4×6판 양장본 / 160쪽 / 4,300원

헤세가 너에게
헤르만 헤세 지음 / 홍영의 엮음 / 4×6판 양장본 / 144쪽 / 4,500원

사랑보다 소중한 삶의 의미
크리슈나무르티 지음 / 최윤영 엮음 / 신국판 / 180쪽 / 4,000원

장자-어찌하여 알 속에 털이 있다 하는가
홍영의 엮음 / 4×6판 / 180쪽 / 4,000원

논어-배우고 때로 익히면 즐겁지 아니한가
신도희 엮음 / 4×6판 / 180쪽 / 4,000원

맹자-가까이 있는데 어찌 먼 데서 구하려 하는가
홍영의 엮음 / 4×6판 / 180쪽 / 4,000원

아름다운 세상을 만드는 **사랑의 메시지 365**
DuMont monte Verlag 엮음 / 정성호 옮김
4×6판 변형 양장본 / 240쪽 / 8,000원

황금의 법
오오카와 류우호오 지음 / 민병수 옮김 / 신국판 / 320쪽 / 12,000원

왜 여자는 바람을 피우는가?
기젤라 룬테 지음 / 김현성 · 진정미 옮김 / 국판 / 200쪽 / 7,000원

세상에서 가장 아름다운 선물
김인자 지음 / 국판변형 / 292쪽 / 9,000원

수능에 꼭 나오는 **한국 단편 33**
윤종필 엮음 / 신국판 / 704쪽 / 11,000원

수능에 꼭 나오는 **한국 현대 단편 소설**
윤종필 엮음 및 해설 / 신국판 / 364쪽 / 11,000원

수능에 꼭 나오는 **세계단편(영미권)**
지창영 옮김 / 윤종필 엮음 및 해설 / 신국판 / 328쪽 / 10,000원

수능에 꼭 나오는 **세계단편(유럽권)**
지창영 옮김 / 윤종필 엮음 및 해설 / 신국판 / 360쪽 / 11,000원

대왕세종 1 · 2 · 3
박충훈 지음 / 신국판 / 각 권 9,800원

세상에서 가장 소중한 아버지의 선물
최은경 지음 / 신국판 / 144쪽 / 9,500원

건 강

아름다운 피부미용법
이순희(한독피부미용학원 원장) 지음 / 신국판 / 296쪽 / 6,000원

버섯건강요법
김병각 외 6명 지음 / 신국판 / 286쪽 / 8,000원

성인병과 암을 정복하는 유기게르마늄
이상현 편저 / 카오 샤오이 감수 / 신국판 / 312쪽 / 9,000원

난치성 피부병
생약효소연구원 지음 / 신국판 / 232쪽 / 7,500원

新 **방약합편**
정도명 편역 / 신국판 / 416쪽 / 15,000원

자연치료의학 오홍근(신경정신과 의학박사 · 자연의학박사) 지음
신국판 / 472쪽 / 15,000원

약초의 활용과 가정한방
이인성 지음 / 신국판 / 384쪽 / 8,500원

역전의학
이시하라 유미 지음 / 유태종 감수 / 신국판 / 286쪽 / 8,500원

이순희식 순수피부미용법
이순희(한독피부미용학원 원장) 지음 / 신국판 / 304쪽 / 7,000원

21세기 **당뇨병 예방과 치료법**
이현철(연세대 의대 내과 교수) 지음 / 신국판 / 360쪽 / 9,500원

신재용의 민의학 동의보감
신재용(해성한의원 원장) 지음 / 신국판 / 476쪽 / 10,000원

치매 알면 치매 이긴다
배오성(백상한방병원 원장) 지음 / 신국판 / 312쪽 / 10,000원

21세기 건강혁명 **밥상 위의 보약 생식**
최경순 지음 / 신국판 / 348쪽 / 9,800원

기치유와 기공수련
윤한홍(기치유 연구회 회장) 지음 / 신국판 / 340쪽 / 12,000원

만병의 근원 스트레스 원인과 퇴치
김지혁(김지혁한의원 원장) 지음 / 신국판 / 324쪽 / 9,500원

김종성 박사의 뇌졸중 119
김종성 지음 / 신국판 / 356쪽 / 12,000원

탈모 예방과 모발 클리닉
장정훈 · 전재홍 지음 / 신국판 / 252쪽 / 8,000원

구태규의 100% 성공 다이어트
구태규 지음 / 4×6배판 변형 / 240쪽 / 9,900원

암 예방과 치료법
이춘기 지음 / 신국판 / 296쪽 / 11,000원

알기 쉬운 **위장병 예방과 치료법**
민영일 지음 / 신국판 / 328쪽 / 9,900원

이온 체내혁명
노보루 야마노이 지음 / 김병관 옮김 / 신국판 / 272쪽 / 9,500원

어혈과 사혈요법
정지천 지음 / 신국판 / 308쪽 / 12,000원

약손 경락마사지로 건강미인 만들기
고정환 지음 / 4×6배판 변형 / 284쪽 / 15,000원

정유정의 **LOVE DIET**
정유정 지음 / 4×6배판 변형 / 196쪽 / 10,500원

머리에서 발끝까지 예뻐지는 **부분다이어트**
신상만 · 김선민 지음 / 4×6배판 변형 / 196쪽 / 11,000원

알기 쉬운 **심장병 119**
박승정 지음 / 신국판 / 248쪽 / 9,000원

알기 쉬운 **고혈압 119**
이정균 지음 / 신국판 / 304쪽 / 10,000원

여성을 위한 **부인과질환의 예방과 치료**
차선희 지음 / 신국판 / 304쪽 / 10,000원

알기 쉬운 **아토피 119**
이승규 · 임승엽 · 김문호 · 안유일 지음 / 신국판 / 232쪽 / 9,500원

120세에 도전한다
이권행 지음 / 시국판 / 300쪽 / 11,000원

건강과 아름다움을 만드는 요가
정환식 지음 / 4×6배판 변형 / 224쪽 / 14,000원

우리 아이 건강하고 아름다운 **롱다리 만들기**
김성훈 지음 / 대국전판 / 236쪽 / 10,500원

알기 쉬운 **허리디스크 예방과 치료**
이종서 지음 / 대국전판 / 336쪽 / 12,000원

소아과 전문의에게 듣는 알기 쉬운 **소아과 119**
신영규 · 이강우 · 최성항 지음 / 4×6배판 변형 / 280쪽 / 14,000원

피가 맑아야 건강하게 오래 살 수 있다
김영찬 지음 / 신국판 / 256쪽 / 10,000원

웰빙형 피부 미인을 만드는 **나만의 셀프 피부건강**
양해원 지음 / 대국전판 / 144쪽 / 10,000원

내 몸을 살리는 **생활 속의 웰빙 항암 식품**
이승남 지음 / 대국전판 / 248쪽 / 9,800원

마음한글, 느낌한글
박완식 지음 / 4×6배판 / 300쪽 / 15,000원

웰빙 동의보감식 **발마사지 10분**
최미희 지음 / 신재용 감수 / 4×6배판 변형 / 204쪽 / 13,000원

아름다운 몸, 건강한 몸을 위한 **목욕 건강 30분**
임하성 지음 / 대국전판 / 176쪽 / 9,500원

내가 만드는 **한방생주스 60**
김영섭 지음 / 국판 / 112쪽 / 7,000원

몸을 살리는 건강식품
백은희 · 조창호 · 최양진 지음 / 신국판 / 384쪽 / 11,000원

건강도 키우고 성적도 올리는 자녀 건강
김진돈 지음 / 신국판 / 304쪽 / 12,000원

알기 쉬운 **간질환 119**
이관식 지음 / 신국판 / 272쪽 / 11,000원

밥으로 병을 고친다
허봉수 지음 / 대국전판 / 352쪽 / 13,500원

알기 쉬운 **신장병 119**
김형규 지음 / 신국판 / 240쪽 / 10,000원

마음의 감기 치료법 **우울증 119**
이민수 지음 / 대국전판 / 232쪽 / 9,800원

관절염 119
송영욱 지음 / 대국전판 / 224쪽 / 9,800원

내 딸을 위한 **미성년 클리닉**
강병문 · 이향아 · 최정원 지음 / 국판 / 148쪽 / 8,000원

암을 다스리는 **기적의 치유법**
케이 세이헤이 감수 · 카와키 나리카즈 지음 / 민병수 옮김
신국판 / 256쪽 / 9,000원

스트레스 다스리기
대한불안장애학회 스트레스관리연구특별위원회 지음
신국판 / 304쪽 / 12,000원

천연 식초 건강법 건강식품연구회 엮음 / 신재용(해성한의원 원장) 감수
신국판 / 252쪽 / 9,000원

암에 대한 모든 것
서울아산병원 암센터 지음 / 신국판 / 360쪽 / 13,000원

알록달록 컬러 다이어트
이승남 지음 / 국판 / 248쪽 / 10,000원

당신도 부모가 될 수 있다
정병준 지음 / 신국판 / 268쪽 / 9,500원

키 10cm 더 크는 **키네스 성장법** 김양수 · 이종균 · 최형규 · 표재환 · 김문희 지음

대국전판 / 312쪽 / 12,000원

당뇨병 백과
이현철 · 송영득 · 안철우 지음 / 4×6배판 변형 / 396쪽 / 16,000원

호흡기 클리닉 119
박성학 지음 / 신국판 / 256쪽 / 10,000원

키 쑥쑥 크는 롱다리 만들기
롱다리 성장클리닉 원장단 지음 / 4×6배판 변형 / 256쪽 / 11,000원

내 몸을 살리는 건강식품
배을척 · 그링호 · 최낭신 시음 / 신국판 / 368쪽 / 11,000원

내 몸에 맞는 운동과 건강
하철수 지음 / 신국판 / 264쪽 / 11,000원

교 육

우리 교육의 창조적 백색혁명
원상기 지음 / 신국판 / 206쪽 / 6,000원

현대생활과 체육
조창남 외 5명 공저 / 신국판 / 340쪽 / 10,000원

퍼펙트 MBA IAE유학네트 지음 / 신국판 / 400쪽 / 12,000원

유학길라잡이 Ⅰ - 미국편
IAE유학네트 지음 / 4×6배판 / 372쪽 / 13,900원

유학길라잡이 Ⅱ - 4개국편
IAE유학네트 지음 / 4×6배판 / 348쪽 / 13,900원

조기유학길라잡이.com
IAE유학네트 지음 / 4×6배판 / 428쪽 / 15,000원

현대인의 건강생활
박상호 외 5명 공저 / 4×6배판 / 268쪽 / 15,000원

천재아이로 키우는 두뇌훈련
나카마츠 요시로 지음 / 민병수 옮김 / 국판 / 288쪽 / 9,500원

두뇌혁명
나카마츠 요시로 지음 / 민병수 옮김 / 4×6판 양장본 / 288쪽 / 12,000원

테마별 고사성어로 익히는 한자
김경익 지음 / 4×6배판 변형 / 248쪽 / 9,800원

生생 공부비법 이은승 지음 / 대국전판 / 272쪽 / 9,500원

자녀를 성공시키는 **습관만들기**
배은경 지음 / 대국전판 / 232쪽 / 9,500원

한자능력검정시험 1급
한자능력검정시험연구위원회 편저 / 4×6배판 / 568쪽 / 21,000원

한자능력검정시험 2급
한자능력검정시험연구위원회 편저 / 4×6배판 / 472쪽 / 18,000원

한자능력검정시험 3급(3급Ⅱ)
한자능력검정시험연구위원회 편저 / 4×6배판 / 440쪽 / 17,000원

한자능력검정시험 4급(4급Ⅱ)
한자능력검정시험연구위원회 편저 / 4×6배판 / 352쪽 / 15,000원

한자능력검정시험 5급
한자능력검정시험연구위원회 편저 / 4×6배판 / 264쪽 / 11,000원

한자능력검정시험 6급
한자능력검정시험연구위원회 편저 / 4×6배판 / 168쪽 / 8,500원

한자능력검정시험 7급
한자능력검정시험연구위원회 편저 / 4×6배판 / 152쪽 / 7,000원

한자능력검정시험 8급
한자능력검정시험연구위원회 편저 / 4×6배판 / 112쪽 / 6,000원

볼링의 이론과 실기 이택상 지음 / 신국판 / 192쪽 / 9,000원

고사성어로 끝내는 천자문
조준상 글 · 그림 / 4×6배판 / 216쪽 / 12,000원

내 아이 스타 만들기
김민성 지음 / 신국판 / 200쪽 / 9,000원

교육 1번지 강남 엄마들의 **수험생 자녀 관리**
황송주 지음 / 신국판 / 288쪽 / 9,500원

초등학생이 꼭 알아야할 **위대한 역사 상식**
우진영 · 이양경 지음 / 4×6배판 변형 / 228쪽 / 9,500원

초등학생이 꼭 알아야할 **행복한 경제 상식**

우진영 · 전선심 지음 / 4×6배판 변형 / 224쪽 / 9,500원

초등학생이 꼭 알아야 할 재미있는 과학상식
우진영 · 정경희 지음 / 4×6배판 변형 / 220쪽 / 9,500원

한자능력검정시험 3급 · 3급 II
한자능력검정시험연구위원회 편저 / 4×6판 / 380쪽 / 7,500원

교과서 속에 꼭꼭 숨어있는 이색박물관 체험 이신화 지음
대국전판 / 248쪽 / 12,000원

초등학생 독서 논술(저학년) 책마루 독서교육연구회 지음
4×6배판 변형 / 244쪽 / 14,000원

초등학생 독서 논술(고학년) 책마루 독서교육연구회 지음
4×6배판 변형 / 236쪽 / 14,000원

놀면서 배우는 경제
김솔 지음 / 대국전판 / 196쪽 / 10,000원

건강생활과 레저스포츠 즐기기
강선회 외 11명 공저 / 4×6판 / 324쪽 / 18,000원

아이의 미래를 바꿔주는 좋은 습관
배은경 지음 / 신국판 / 216쪽 / 9,500원

다중지능 아이의 미래를 바꾼다
이소영 외 6인 지음 / 신국판 / 232쪽 / 11,000원

취미 · 실용

김진국과 같이 배우는 와인의 세계
김진국 지음 / 국배판 변형양장본(올 컬러판) / 208쪽 / 30,000원

경제 · 경영

CEO가 될 수 있는 성공법칙 101가지
김승룡 편역 / 신국판 / 320쪽 / 9,500원

정보소프트 김승룡 지음 / 신국판 / 324쪽 / 6,000원

기획대사전 다카하시 겐코 지음 / 홍영의 옮김
신국판 / 552쪽 / 19,500원

맨손창업 · 맞춤창업 BEST 74
양혜숙 지음 / 신국판 / 416쪽 / 12,000원

무자본, 무점포 창업! FAX 한 대면 성공한다
다카시로 고시 지음 / 홍영의 옮김 / 신국판 / 226쪽 / 7,500원

성공하는 기업의 인간경영 중소기업 노무 연구회 편저 / 홍영의 옮김
신국판 / 368쪽 / 11,000원

21세기 IT가 세계를 지배한다
김광희 지음 / 신국판 / 380쪽 / 12,000원

경제기사로 부자아빠 만들기
김기태 · 신현태 · 박근수 공저 / 신국판 / 388쪽 / 12,000원

포스트 PC의 주역 정보가전과 무선인터넷
김광희 지음 / 신국판 / 356쪽 / 12,000원

성공하는 사람들의 마케팅 바이블
채수명 지음 / 신국판 / 328쪽 / 12,000원

느린 비즈니스로 돌아가라
사카모토 게이이치 지음 / 정성호 옮김 / 신국판 / 276쪽 / 9,000원

적은 돈으로 큰돈 벌 수 있는 부동산 재테크
이원재 지음 / 신국판 / 340쪽 / 12,000원

바이오혁명
이주영 지음 / 신국판 / 328쪽 / 12,000원

성공하는 사람들의 자기혁신 경영기술
채수명 지음 / 신국판 / 344쪽 / 12,000원

CFO 교텐 토요오 · 타하라 오키시 지음 / 민병수 옮김
신국판 / 312쪽 / 12,000원

네트워크시대 네트워크마케팅
임동학 지음 / 신국판 / 376쪽 / 12,000원

성공리더의 7가지 조건
다이앤 트레이시 · 윌리엄 모건 지음 / 지창영 옮김
신국판 / 360쪽 / 13,000원

김종결의 성공창업
김종결 지음 / 신국판 / 340쪽 / 12,000원

최적의 타이밍에 내 집 마련하는 기술
이원재 지음 / 신국판 / 248쪽 / 10,500원

컨설팅 세일즈 Consulting sales
임동학 지음 / 대국전판 / 336쪽 / 13,000원

연봉 10억 만들기
김농주 지음 / 국판 / 216쪽 / 10,000원

주5일제 근무에 따른 한국형 주말창업
최효진 지음 / 신국판 변형 양장본 / 216쪽 / 10,000원

돈 되는 땅 돈 안되는 땅
김영준 지음 / 신국판 / 320쪽 / 13,000원

돈 버는 회사로 만들 수 있는 109가지
다카하시 도시노리 지음 / 민병수 옮김 / 신국판 / 344쪽 / 13,000원

프로는 디테일에 강하다
김미현 지음 / 신국판 / 248쪽 / 9,000원

머니투데이 송복규 기자의 부동산으로 주머니돈 100배 만들기
송복규 지음 / 신국판 / 328쪽 / 13,000원

성공하는 슈퍼마켓&편의점 창업
나명환 지음 / 4×6배판 변형 / 500쪽 / 28,000원

대한민국 성공 재테크 부동산 펀드와 리츠로 승부하라
김영준 지음 / 신국판 / 256쪽 / 12,000원

마일리지 200% 활용하기
박성희 지음 / 국판 변형 / 200쪽 / 8,000원

1%의 가능성에 도전, 성공 신화를 이룬 여성 CEO
김미현 지음 / 신국판 / 248쪽 / 9,500원

3천만 원으로 부동산 재벌 되기
최수길 · 이숙 · 조연희 지음 / 신국판 / 290쪽 / 12,000원

10년을 앞설 수 있는 재테크
노동규 지음 / 신국판 / 260쪽 / 10,000원

세계 최강을 추구하는 도요타 방식
나카야마 키요타카 지음 / 민병수 옮김 / 신국판 / 296쪽 / 12,000원

최고의 설득을 이끌어내는 프레젠테이션
조두환 지음 / 신국판 / 296쪽 / 11,000원

최고의 만족을 이끌어내는 창의적 협상
조강희 · 조원희 지음 / 신국판 / 248쪽 / 10,000원

New 세일즈 기법 물건을 팔지 말고 가치를 팔아라
조기선 지음 / 신국판 / 264쪽 / 9,500원

작은 회사는 전략이 달라야 산다
황문진 지음 / 신국판 / 312쪽 / 11,000원

돈되는 슈퍼마켓&편의점 창업전략(입지 편)
나명환 지음 / 신국판 / 352쪽 / 13,000원

25·35 꼼꼼 여성 재테크
정원훈 지음 / 신국판 / 224쪽 / 11,000원

대한민국 2030 독특하게 창업하라
이상헌 · 이호 지음 / 신국판 / 288쪽 / 12,000원

왕초보 주택 경매로 돈 벌기
천관성 지음 / 신국판 / 268쪽 / 12,000원

New 마케팅 기법 (실전편) 물건을 팔지 말고 가치를 팔아라 2
조기선 지음 / 신국판 / 240쪽 / 10,000원

퇴출 두려워 마라 홀로서기에 도전하라
신정수 지음 / 신국판 / 256쪽 / 11,500원

주 식

개미군단 대박맞이 주식투자
홍성걸(한양증권 투자분석팀 팀장) 지음 / 신국판 / 310쪽 / 9,500원

알고 하자! 돈 되는 주식투자
이길영 외 2명 공저 / 신국판 / 388쪽 / 12,500원

항상 당하기만 하는 개미들의 매도 · 매수타이밍 999% 적중 노하우
강경무 지음 / 신국판 / 336쪽 / 12,000원

부자 만들기 주식성공클리닉
이창희 지음 / 신국판 / 372쪽 / 11,500원

선물 · 옵션 이론과 실전매매
이창희 지음 / 신국판 / 372쪽 / 12,000원

너무나 쉬워 재미있는 **주가차트**
홍성무 지음 / 4×6배판 / 216쪽 / 15,000원

주식투자 직접 투자로 높은 수익을 올릴 수 있는 비결
김학균 지음 / 신국판 / 230쪽 / 11,000원

역 학

역리종합 만세력 정도명 편저 / 신국판 / 532쪽 / 10,500원

작명대전 정보국 지음 / 신국판 / 460쪽 / 12,000원

하락이수 해설 이원교 편저 / 신국판 / 620쪽 / 27,000원

현대인의 창조적 **관상과 수상** 백운산 지음 / 신국판 / 344쪽 / 9,000원

대운용신영부적 정재원 지음 / 신국판 양장본 / 750쪽 / 39,000원

사주비결활용법 이세진 지음 / 신국판 / 392쪽 / 12,000원

컴퓨터세대를 위한 新**성명학대전** 박용찬 지음 / 신국판 / 388쪽 / 11,000원

길흉화복 꿈풀이 비법 백운산 지음 / 신국판 / 410쪽 / 12,000원

새천년 **작명컨설팅** 정재원 지음 / 신국판 / 492쪽 / 13,900원

백운산의 **신세대 궁합** 백운산 지음 / 신국판 / 304쪽 / 9,500원

동자삼 작명학 남시모 지음 / 신국판 / 496쪽 / 15,000원

구성학의 기초 문길여 지음 / 신국판 / 412쪽 / 12,000원

소울음소리 이건우 지음 / 신국판 / 314쪽 / 10,000원

법률 일반

여성을 위한 **성범죄 법률상식**
조명원(변호사) 지음 / 신국판 / 248쪽 / 8,000원

아파트 난방비 75% 절감방법
고영근 지음 / 신국판 / 238쪽 / 8,000원

일반인이 꼭 알아야 할 절세전략 173선
최성호(공인회계사) 지음 / 신국판 / 392쪽 / 12,000원

변호사와 함께하는 **부동산 경매**
최환주(변호사) 지음 / 신국판 / 404쪽 / 13,000원

혼자서 쉽고 빠르게 할 수 있는 **소액재판**
김재용 · 김종철 공저 / 신국판 / 312쪽 / 9,500원

"술 한 잔 사겠다"는 말에서 찾아보는 **채권 · 채무**
변환철(변호사) 지음 / 신국판 / 408쪽 / 13,000원

알기쉬운 **부동산 세무 길라잡이**
이건우(세무서 재산계장) 지음 / 신국판 / 400쪽 / 13,000원

알기쉬운 **어음, 수표 길라잡이**
변환철(변호사) 지음 / 신국판 / 328쪽 / 11,000원

제조물책임법
강동근(변호사) · 윤종성(검사) 공저 / 신국판 / 368쪽 / 13,000원

알기 쉬운 **주5일근무에 따른 임금 · 연봉제 실무**
문강분(공인노무사) 지음 / 4×6배판 변형 / 544쪽 / 35,000원

변호사 없이 당당히 이길 수 있는 **형사소송**
김대환 지음 / 신국판 / 304쪽 / 13,000원

변호사 없이 당당히 이길 수 있는 **민사소송**
김대환 지음 / 신국판 / 412쪽 / 14,500원

혼자서 해결할 수 있는 **교통사고 Q&A**
조명원(변호사) 지음 / 신국판 / 336쪽 / 12,000원

알기 쉬운 **개인회생 · 파산 신청법**
최재구(법무사) 지음 / 신국판 / 352쪽 / 13,000원

생활법률

부동산 생활법률의 기본지식
대한법률연구회 지음 / 김원중(변호사) 감수 / 신국판 / 472쪽 / 13,000원

고소장 · 내용증명 생활법률의 기본지식
하태웅(변호사) 지음 / 신국판 / 440쪽 / 12,000원

노동 관련 생활법률의 기본지식
남동희(공인노무사) 지음 / 신국판 / 528쪽 / 14,000원

외국인 근로자 생활법률의 기본지식
남동희(공인노무사) 지음 / 신국판 / 400쪽 / 12,000원

계약작성 생활법률의 기본지식
이상도(변호사) 지음 / 신국판 / 560쪽 / 14,500원

지적재산 생활법률의 기본지식
이상도(변호사) · 조의제(변리사) 공저 / 신국판 / 496쪽 / 14,000원

부당노동행위와 부당해고 생활법률의 기본지식
박영수(공인노무사) 지음 / 신국판 / 432쪽 / 14,000원

주택 · 상가임대차 생활법률의 기본지식
김운용(변호사) 지음 / 신국판 / 480쪽 / 14,000원

하도급거래 생활법률의 기본지식
김진흥(변호사) 지음 / 신국판 / 440쪽 / 14,000원

이혼소송과 재산분할 생활법률의 기본지식
박동섭(변호사) 지음 / 신국판 / 460쪽 / 14,000원

부동산등기 생활법률의 기본지식
정상태(법무사) 지음 / 신국판 / 456쪽 / 14,000원

기업경영 생활법률의 기본지식
안동섭(단국대 교수) 지음 / 신국판 / 466쪽 / 14,000원

교통사고 생활법률의 기본지식
박정무(변호사) · 전병찬 공저 / 신국판 / 480쪽 / 14,000원

소송서식 생활법률의 기본지식
김대환 지음 / 신국판 / 480쪽 / 14,000원

호적 · 가사소송 생활법률의 기본지식
정주수(법무사) 지음 / 신국판 / 516쪽 / 14,000원

新**상속과 세금 생활법률**의 기본지식
박동섭(변호사) 지음 / 신국판 / 492쪽 / 14,500원

담보 · 보증 생활법률의 기본지식
류창호(법학박사) 지음 / 신국판 / 436쪽 / 14,000원

소비자보호 생활법률의 기본지식
김성천(법학박사) 지음 / 신국판 / 504쪽 / 15,000원

판결 · 공정증서 생활법률의 기본지식
정상태(법무사) 지음 / 신국판 / 312쪽 / 13,000원

산업재해보상보험 생활법률의 기본지식
정유석(공인노무사) 지음 / 신국판 / 384쪽 / 14,000원

처 세

성공적인 삶을 추구하는 여성들에게 **우먼파워**
조안 커너 · 모이라 레이너 공저 / 지창영 옮김
신국판 / 352쪽 / 8,800원

聽 **이익이 되는 말 話 손해가 되는 말**
우메시마 미요 지음 / 정성호 옮김 / 신국판 / 304쪽 / 9,000원

부자들의 생활습관 가난한 사람들의 생활습관
다케우치 야스오 지음 / 홍영의 옮김 / 신국판 / 320쪽 / 9,800원

코끼리 귀를 당긴 원숭이-히딩크식 창의력을 배우자
강충인 지음 / 신국판 / 208쪽 / 8,500원

성공하려면 유머와 위트로 무장하라
민영욱 지음 / 신국판 / 292쪽 / 9,500원

등소평의 **오뚝이전략**
조창남 편저 / 신국판 / 304쪽 / 9,500원

노무현 화술과 화법을 통한 이미지 변화
이현정 지음 / 신국판 / 320쪽 / 10,000원

성공하는 사람들의 **토론의 법칙**
민영욱 지음 / 신국판 / 280쪽 / 9,500원

사람은 칭찬을 먹고산다
민영욱 지음 / 신국판 / 268쪽 / 9,500원

사과의 기술
김농주 지음 / 신국판 변형 양장본 / 200쪽 / 10,000원

취업 경쟁력을 높여라
김농주 지음 / 신국판 / 280쪽 / 12,000원

유비쿼터스시대의 블루오션 전략
최양진 지음 / 신국판 / 248쪽 / 10,000원

나만의 블루오션 전략-화술편

민영욱 지음 / 신국판 / 254쪽 / 10,000원

희망의 씨앗을 뿌리는 20대를 위하여
우광균 지음 / 신국판 / 172쪽 / 8,000원

끌리는 사람이 되기위한 이미지 컨설팅
홍순아 지음 / 대국전판 / 194쪽 / 10,000원

글로벌 리더의 소통을 위한 스피치
민영욱 지음 / 신국판 / 328쪽 / 10,000원

오바마처럼 꿈에 미쳐라
정영순 지음 / 신국판 / 208쪽 / 9,500원

여자 30대, 내 생애 최고의 인생을 만들어라
정영순 지음 / 신국판 / 256쪽 / 11,500원

명 상

명상으로 얻는 깨달음
달라이 라마 지음 / 지창영 옮김 / 국판 / 320쪽 / 9,000원

어 학

2진법 영어 이상도 지음 / 4×6배판 변형 / 328쪽 / 13,000원

한 방으로 끝내는 영어 고제윤 지음 / 신국판 / 316쪽 / 9,800원

한 방으로 끝내는 영단어 김승엽 지음 / 김수경·카렌다 감수 /
4×6배판 변형 / 236쪽 / 9,800원

해도해도 안 되던 영어회화 **하루에 30분씩 90일이면 끝낸다**
Carrot Korea 편집부 지음 / 4×6배판 변형 / 260쪽 / 11,000원

바로 활용할 수 있는 **기초생활영어**
김수경 지음 / 신국판 / 240쪽 / 10,000원

바로 활용할 수 있는 **비즈니스영어**
김수경 지음 / 신국판 / 252쪽 / 10,000원

생존영어55 홍일록 지음 / 신국판 / 224쪽 / 8,500원

필수 여행영어회화 한현숙 지음 / 4×6판 변형 / 328쪽 / 7,000원

필수 여행일어회화 윤영자 지음 / 4×6판 변형 / 264쪽 / 6,500원

필수 여행중국어회화 이은진 지음 / 4×6판 변형 / 256쪽 / 7,000원

영어로 배우는 중국어 김승엽 지음 / 신국판 / 216쪽 / 9,000원

필수 여행스페인어회화 유연창 지음 / 4×6판 변형 / 288쪽 / 7,000원

바로 활용할 수 있는 **홈스테이 영어**
김형주 지음 / 신국판 / 184쪽 / 9,000원

필수 여행러시아어회화 이순수 지음 / 4×6판 변형 / 248쪽 / 7,500원

레포츠

수열이의 브라질 축구 탐방 **삼바 축구, 그들은 강하다**
이수열 지음 / 신국판 / 280쪽 / 8,500원

마라톤, 그 아름다운 도전을 향하여
빌 로저스·프리실라 웰치·조 헨더슨 공저 /
오인환 감수 / 지창영 옮김 / 4×6배판 / 320쪽 / 15,000원

인라인스케이팅 100%즐기기
임미숙 지음 / 4×6배판 변형 / 172쪽 / 11,000원

배스낚시 테크닉
이종진 지음 / 4×6배판 / 440쪽 / 20,000원

나도 디지털 전문가 될 수 있다!!!
이승훈 지음 / 4×6배판 / 320쪽 / 19,200원

스키 100% 즐기기
김동환 지음 / 4×6배판 변형 / 184쪽 / 12,000원

태권도 총론
하웅의 지음 / 4×6배판 / 288쪽 / 15,000원

건강하고 아름다운 **동양란 기르기**
난마을 지음 / 4×6배판 변형 / 184쪽 / 12,000원

수영 100% 즐기기
김종만 지음 / 4×6배판 변형 / 248쪽 / 13,000원

애완견114
황양원 엮음 / 4×6배판 변형 / 228쪽 / 13,000원

건강을 위한 **웰빙 걷기**

이강옥 지음 / 대국전판 / 280쪽 / 10,000원

우리 땅 우리 문화가 살아 숨쉬는 **옛터**
이형권 지음 / 대국전판 올컬러 / 208쪽 / 9,500원

아름다운 산사
이형권 지음 / 대국전판 올컬러 / 208쪽 / 9,500원

쉽고 즐겁게! 신나게! 배우는 **재즈댄스**
최재선 지음 / 4×6배판 변형 / 200쪽 / 12,000원

맛과 멋이 있는 낭만의 **카페**
박성찬 지음 / 대국전판 올컬러 / 168쪽 / 9,900원

한국의 숨어 있는 아름다운 **풍경**
이종원 지음 / 대국전판 올컬러 / 208쪽 / 9,900원

사람이 있고 자연이 있는 아름다운 **명산**
박기성 지음 / 대국전판 올컬러 / 176쪽 / 12,000원

마음의 고향을 찾아가는 여행 **포구**
김인자 지음 / 대국전판 올컬러 / 224쪽 / 14,000원

생명이 살아 숨쉬는 한국의 아름다운 **강**
민병준 지음 / 대국전판 올컬러 / 168쪽 / 12,000원

틈나는 대로 세계여행
김재관 지음 / 4×6배판 변형 올컬러 / 368쪽 / 20,000원

해양스포츠 카이트보딩
김남용 편저 / 신국판 올컬러 / 152쪽 / 18,000원

풍경 속을 걷는 즐거움 **명상 산책**
김인자 지음 / 대국전판 올컬러 / 224쪽 / 14,000원

3.3.7 세계여행
김완수 지음 / 4×6배판 변형 올컬러 / 280쪽 / 12,900원

골 프

퍼팅 메커닉
이근택 지음 / 4×6배판 변형 / 192쪽 / 18,000원

아마골프 가이드
정영호 지음 / 4×6배판 변형 / 216쪽 / 12,000원

골프 100타 깨기
김준모 지음 / 4×6배판 변형 / 136쪽 / 10,000원

골프 90타 깨기
김광섭 지음 / 4×6배판 변형 / 148쪽 / 11,000원

KLPGA 최여진 프로의 센스 골프
최여진 지음 / 4×6배판 변형 올컬러 / 192쪽 / 13,900원

KTPGA 김준모 프로의 파워 골프
김준모 지음 / 4×6배판 변형 올컬러 / 192쪽 / 13,900원

골프 80타 깨기
오태훈 지음 / 4×6배판 변형 / 132쪽 / 10,000원

신나는 골프 세상
유용열 지음 / 4×6배판 변형 올컬러 / 232쪽 / 16,000원

이신 프로의 **더 퍼펙트**
이신 지음 / 국배판 / 336쪽 / 28,000원

주니어출신 박영진 프로의 **주니어골프**
박영진 지음 / 4×6배판 변형 올컬러 / 164쪽 / 11,000원

골프손자병법
유용열 지음 / 4×6배판 변형 올컬러 / 212쪽 / 16,000원

박영진 프로의 주말 골퍼 100타 깨기
박영진 지음 / 4×6배판 변형 올컬러 / 160쪽 / 12,000원

10타 줄여주는 클럽 피팅
현세용·서주석 공저 / 4×6배판 변형 / 184쪽 / 15,000원

단기간에 싱글이 될 수 있는 원포인트 레슨
권용진·김준모 지음 / 4×6배판 변형 올컬러 / 152쪽 / 12,500원

이신 프로의 **더 퍼펙트 쇼트 게임**
이신 지음 / 국배판 올컬러 / 248쪽 / 20,000원

여성실용

결혼준비, 이제 놀이가 된다 김창규·김수경·김정철 지음
4×6배판 변형 올컬러 / 230쪽 / 13,000원

다중지능
아이의 미래를 바꾼다

2008년 9월 10일 제1판 1쇄 발행

지은이/이소영 외 6인
펴낸이/강선희
펴낸곳/가림출판사

등록/1992. 10. 6. 제4-191호
주소/서울시 광진구 구의동 57-71 부원빌딩 4층
대표전화/458-6451   팩스/458-6450
홈페이지/ www.galim.co.kr
전자우편/galim@galim.co.kr

값 11,000원

ISBN 978-89-7895-299-6 03690

가림출판사 · 가림M&B · 가림Let's의 홈페이지(http://www.galim.co.kr)에 들
어오시면 가림출판사 · 가림M&B · 가림Let's의 신간도서 및 출간 예정 도서를
포함한 모든 책들을 만나실 수 있습니다.
온라인 서점을 통하여 직접 도서 구입도 하실 수 있으며 가림 홈페이지 내에서
전국 대형 서점들의 사이트에 링크하시어 종합 신간 안내 및 각종 도서 정보,
책과 관련된 문화 정보를 받아보실 수 있습니다.
또한 홈페이지 방문시 회원으로 가입하시면 신간 안내 자료를 보내드립니다.